"UN LIBRO QUE AYUDARÁ Y
ALENTARÁ A MUCHOS"
RUTH BELL GRAHAM

El TOQUE TIERNO DE Dios

CONVIERTE
TUS MALES EN ESPERANZA

MIKE MACINTOSH

Publicado por
Editorial **Unilit**
Miami, Fl. 33172
Derechos reservados

Primera edición 1998

© 1996 por Harvest House Publishers
Eugene, Oregon 97402
Originalmente publicado en inglés con el título:
The Tender Touch of God
Ninguna parte de esta publicación podrá ser reproducida, procesada en algún sistema que la pueda reproducir, o transmitida en alguna forma o por algún medio —electrónico, mecánico, fotocopia, cinta magnetofónica u otro— excepto para breves citas en reseñas, sin el permiso previo de los editores.

Traducido al español por: Nellyda Pablovsky

Citas bíblicas tomadas de la Santa Biblia, revisión 1960
© Sociedades Bíblicas Unidas
Usada con permiso.

Producto 497395
ISBN 0-7899-0331-8
Impreso en Colombia
Printed in Colombia

Contenido

Prólogo por Ruth Bell Graham................ 7
Introducción.............................. 11

Primera Parte
Parar la sangre

1. Personalidades deformadas por el dolor......... 21
2. La muerte: El dolor final.................... 35
3. Accidentes en el camino.................... 51
4. Conflictos en la familia..................... 67
5. El síndrome del señor Dillon................. 83

Segunda Parte
Curar y vendar la herida

6. Nuestro papel y el papel de Dios.............. 97
7. Organiza un plan de juego................... 107
8. La importancia de los consejeros.............. 121
9. Beber en el poder de Dios................... 135
10. ¡Limpio al fin!............................. 151
11. La fuerza irresistible del perdón............... 163
12. El equipamiento básico...................... 177

Tercera Parte
Dejar que Dios sane

13. Una cascada de amor 193
14. En Su tiempo 205
15. Dos es mejor que uno........................ 221
16. Vislumbres del cielo........................ 235
17. Dios, el sanador 249

*Dedicado al doctor Sherwood Eliot Wirt,
editor emérito de la revista Decisión,
quien me ha instado durante años para que
comenzara una carrera de escritor.
Para mí él ha sido mentor, padre, hermano,
consejero, asesor, santo y amigo.
Cuando crezca, quiero ser
precisamente como Woody.*

Prólogo

Una amiga de Inglaterra me pidió hace años que le escribiera el prólogo de un libro suyo, que una editorial le había pedido que ella escribiera. Ella había sido golpeada por una enfermedad invalidante que la dejó confinada a una silla de ruedas. Había sido una joven encantadora, con esposo y madre de seis hijos. Casi se enloqueció con los cristianos, que decían continuamente: "Tiene que haber un pecado inconfesable en su vida; de lo contrario, Dios la hubiera sanado." Ella escribió un breve y excelente libro titulado *Beyond Healing* [Más allá de la sanidad]. Tuvo así un auténtico ministerio, reorientando a sus lectores hacia los brazos consoladores de nuestro amante Dios.

El tierno toque de Dios, de Mike MacIntosh, me recuerda a ese pequeño libro sin par. También le sirve a las personas para administrar sus dolores y penas, reorientándolas hacia nuestro amante Salvador. Creo que Mike estuvo bien preparado para escribir un libro como éste; Bill y yo lo conocemos y queremos desde hace años. Él conoce el sufrimiento de la gente y ansía ayudarles a que en medio de sus dolores descubran el infalible amor de Dios.

Después del desastre ocurrido en la ciudad de Oklahoma[1], a mi esposo Bill se le pidió que fuera allá a consolar a los desolados por la pena. Él, nuestro hijo Franklin y yo fuimos

---

1 La señora Graham se refiere al atentado con bombas que, en abril de 1997, demolió el edificio de la sede del gobierno federal de los Estados Unidos, en la ciudad de Oklahoma, causando numerosas muertes, incluyendo niños de un centro de cuidado infantil

al sitio bombardeado. Nos transportaron en tres carritos de golf hasta el frente del edificio demolido. Aún había allí cuerpos enterrados en los escombros; los hombres estaban atareados limpiando el lugar. Uno de ellos, que barría con una pesada escoba y vestido con un empolvado uniforme de trabajador, nos miró cuando llegamos. Era Mike. Apenas tuvimos tiempo para un rápido abrazo, y luego los tres Graham partimos otra vez. Más tarde supimos que Mike se sentía destruido, pero nadie lo hubiera adivinado con esa tremenda sonrisa que tenía en su rostro. Nuestro breve encuentro pareció el único puntito de luz de un día que, de otro modo, hubiera sido totalmente lúgubre. Más adelante puedes leer en este libro acerca de los encuentros que tuvo Mike en la ciudad de Oklahoma.

En cuanto a mí, los sufrimientos físicos son cosa mínima, debido a los buenos médicos y el control del dolor. Cuando he pasado por pruebas espirituales, tanto la Biblia como la presencia del Señor Jesús se me ha vuelto más clara y relevante. En 1974 me caí de un árbol mientras armaba un tobogán para mis nietos; me desperté una semana después en el hospital con muchos huesos rotos y una conmoción cerebral. Había perdido la memoria, pero recuerdo que oré: "¡Señor, llévate lo que quieras pero, por favor, déjame mis versículos bíblicos!" Al instante esta cita cruzó como un rayo por mi mente: "Con amor eterno te he amado; por tanto, te prolongué mi misericordia." Yo no recordaba haberme aprendido de memoria ese versículo, y no sabía dónde estaba en la Biblia, pero era justo lo que necesitaba. Poquito a poco volvió todo lo demás y, luego de unos exámenes, la clínica Mayo me aseguró que la pérdida de memoria era solamente transitoria.

No puedo decir lo suficiente sobre la importancia de aprenderse de memoria la Escritura. No sólo versículos, sino pasajes enteros, como Romanos 3:31-39; Juan 1:1-5, 9-14; Salmo 19:7-11. Yo menciono estos, pues son los que me he estado aprendiendo de memoria recientemente. Mientras más vieja se pone una, más tiempo cuesta, pero *¡se puede!*. Nadie puede quitarte los versículos que te has aprendido. Cuando no se puede dormir, ahí están; cuando tienes dolor, ahí están; cuando vas manejando, ahí están. Una vez que están ahí, ¡están ahí para cualquier momento! Nada hay en el mundo que le hable más a tu corazón que la Biblia; especialmente en medio de una herida terrible.

Es muy bueno que se nos recuerde que Dios nos cuida, que Él nos ama y que actuará por nosotros. Como dice Mike, nada hay como el tierno toque de Dios.

Ruth Bell Graham

Introducción

Millones de personas son las que hoy viven solas, deprimidas, llenas de angustia, dolor, sufrimientos y heridas. Andan buscando con mucha desesperación el sentido de la vida y las respuestas para sus problemas atormentadores.

Basta tan sólo con encender el televisor y mirar los programas de conversación conducidos por Montel Williams, Sally Jesse Raphael, Oprah Winfrey, Geraldo o Ricki Lake, para ver que mucha gente no está llevando una vida plena, sino que, contrariamente, están atrapados por acontecimientos de la vida que han destrozado sus hogares y debilitado sus relaciones con los demás. Las historias de muchos invitados a esos programas de televisión son tristes y patéticas, llenas de perversión, odio, racismo o alguna otra situación anómala. Otros están enredados en dilemas familiares que retuercen y distorsionan sus personalidades.

Desdichadamente los treinta a sesenta minutos de duración del programa, interrumpidos por una docena de anuncios comerciales, nunca dejan tiempo para la sanación. Al final, los participantes y los espectadores se quedan insatisfechos, casi sintiendo que estuvieron en un circo.

Diferentes clases de aflicciones

Aunque estos programas de televisión se concentran casi exclusivamente en los casos raros o perversos del dolor, todos sabemos que el dolor tiene muchas caras.

La muerte de un ser querido ha de ser la pena extrema, especialmente cuando esa muerte llega inesperadamente y en lo mejor de la vida. Cuando mi hermano murió en un accidente automovilístico hace muchos años, el dolor sobrecogedor casi me ahogó con su fuerte marejada. Pero hay sanación para tal clase de pena.

El dolor físico es otro que a menudo nos resulta sumamente lastimoso tratar. En los últimos cuatro años he sufrido mucho dolor de espalda. Estaba casi siempre cansado y no dormía bien. Cuando fui a la clínica Mayo para que me hicieran un examen completo, no encontraron nada que explicara esos síntomas. Entonces caí en cuenta de que había estado tomando muchos analgésicos. Dejé de tomarlos, y pocas semanas después supe que, en realidad, había estado encubriendo el dolor constante de mi espalda. Ahora sé cuál es el origen de ese dolor, estoy llevando un régimen para regular mi estado físico y acudiendo a un fisioterapeuta para corregir el problema.

¿La idea? Podemos tapar el dolor con remedios, pero eso nunca lo quita. A largo plazo y en la mayoría de los casos sólo se aumenta el dolor. Pero cuando enfrentamos estos dolores y hacemos algo para administrarlos, las lesiones físicas pueden ser atendidas con la rehabilitación y la fuerza puede volver a la zona dañada.

Lo mismo sucede con los dolores emocionales. Los golpes emocionales tienen mucha variedad. Sumamente tentador es tratar de taparlos en vez de tratarlos. Estos golpes internos se encubren tan rápida y hábilmente que, en ocasiones, lleva meses y hasta años descubrir el origen real de nuestro problema. Pero en la medida que tapemos estos golpes y nos neguemos a tratar sus orígenes, de manera inevitable perderemos la alegría de vivir.

Mi amigo Hal Kuykendahl me contó del tiempo que estuvo en Vietnam. Hal es un veterano de la Marina con varias condecoraciones. Como participó en muchos combates, tiene encerradas en su mente innumerables historias de guerra. Sin embargo, él puede hablar libremente de experiencias

Introducción

horrorosas que servirían para hacer una película muy taquillera. Puede expresar con gran sensibilidad lo que vio y vivió, tanto su realidad como su fealdad. Es un hombre humilde y amable, un gran padre, esposo y amigo. Afortunadamente Hal puede mantener su pasado en la perspectiva correcta y, de ese modo, llevar una vida muy fructífera. Más adelante hablaremos más de cómo él puede hacer esto.

Por otro lado, he conversado con otros veteranos de guerra que, con el transcurso de los años, no han podido olvidar los recuerdos horribles del combate. Ellos están atrapados en el rencor, la ira, o la dureza de corazón. Algunos se van al otro extremo del espectro y están llenos de miedos, paranoia o angustia. Fueron despojados de su fuerza emocional y son incapaces de enfrentarse a la vida diaria.

Recuerdo una de las primeras citas de consejería que tuve cuando era un joven ministro. Una pareja de novios vino a verme en busca de consejería prenupcial. Estábamos en 1973 y la guerra de Vietnam todavía era noticia de primera plana. Cuando el joven entró en la oficina con su novia, llevaba puesta una camisa de combate del ejército. La conversación se centró de alguna forma en la guerra y él manifestó que acababan de darle la baja. Aunque era comunicativo y conversador, yo capté un problema.

A los treinta minutos de escuchar, él empezó a contar historias tras historias de las cosas feas que había visto en los combates de la selva. Estaba cargado de golpes mentales profundos y, sin que él lo supiera, estaba descargando su angustia y dolor.

Llegó el momento en que me volví hacia la señorita y le pregunté si ella se daba cuenta de la profundidad del dolor de este hombre. Ella dijo que él nunca le hablaba de la guerra y que habitualmente eludía ese tema. Entonces le pregunté a él si sabía que estaba reviviendo estos episodios en nuestra presencia. El joven no tenía la menor intención de discutir el asunto, pero dijo que ciertamente era bueno descargarse.

Los dolores y los golpes mentales son tan reales como el dolor causado en la cabeza por el golpe de una desviada pelota de golf, y pueden ser tan peligrosos si no se atienden. Podemos quedar marcados para toda la vida si no le damos atención a las cosas que más nos molestan. Tal como yo estuve encubriendo por mucho tiempo mi dolor de espalda con remedios, así las heridas emocionales puede enmascararse fácil y astutamente. Cuántas veces la gente nos pregunta: "¿Cómo estás?", y nosotros contestamos: "¡Muy bien!", cuando en realidad estamos sufriendo uno de los peores días de nuestra vida.

Andar en círculos

Una maestra de escuela fue a una tienda a comprar algunas cosas para su curso del séptimo grado. Preguntó al empleado si tenían compases. "Tenemos", respondió él, "compases para hacer círculos, pero no de los que pueden ir a alguna parte."

A menudo confundimos conceptos parecidos. Vamos por nuestro camino enmascarando el dolor, satisfechos con sólo ir andando en círculos. A veces, esos círculos se agrandan más y más, pero siguen siendo círculos. ¡Qué desperdicio! Nuestras vidas son demasiado valiosas para hacer eso. Tenemos que llegar a alguna parte. No nos conformemos con andar en interminables círculos.

En los últimos años los médicos han descubierto un virus que le quita la fuerza y la energía a la gente, impidiendo que funcionen con sus capacidades normales. Este virus produce lo que se conoce como el síndrome de Epstein-Barr. La prensa ha rotulado esta enfermedad como "la enfermedad de los ejecutivos jóvenes", puesto que la dolencia se encuentra predominantemente en la generación nacida en los años sesenta.

Después de mucho investigar a miles de pacientes, ahora sabemos que se trata de una enfermedad real, causada por un virus real que puede identificarse con un examen de sangre. Esta enfermedad suele interponerse entre maridos y esposas. El cónyuge sano no logra entender por qué su cónyuge, otrora

Introducción

fuerte, ahora está inerte como una bola de pelusas que gira en la secadora de ropa.

En los últimos años de mi consejería he notado que las luchas personales, el dolor y los golpes, parecen producir síntomas notablemente parecidos a los del síndrome de Epstein-Barr. Es como si nuestro dolor nos hiciera usar el compás equivocado: vamos andando en círculos pero nunca llegamos a ninguna parte. El dolor drena nuestras energías; salir de la cama y tratar de actuar como si participáramos de las actividades diarias, es algo que consume toda nuestra fuerza.

Sin embargo, no tenemos que pasarnos el resto de nuestras vidas en este terrible estado de la existencia. La mera existencia no es *vivir*. Jesús dijo: "Yo he venido para que tengan vida, y para que la tengan en abundancia" (Juan 10:10). Se puede romper el círculo del agotamiento mental. Romper el círculo de la desgracia. Romper el círculo de la herida y del dolor con que la vida nos ha tratado. Se puede llevar una vida vibrante, llena de gran satisfacción y gozo profundo. Si invitamos a Dios a nuestra vida durante estos momentos sombríos, podemos ver que nuestras luchas se vuelven victorias, milagrosamente.

Los problemas son oportunidades

Todos los seres humanos deben pasar por dos experiencias: vida y muerte. Estas son el denominador común de todas. La vida y la muerte son los extremos, como los sujetadores de libros, y todo lo que vivamos en el medio constituye los tomos que llamamos "mi vida".

Tenemos poco control de muchos aspectos de nuestra vida y muerte. Las heridas, el dolor y el sufrimiento que encontramos en la vida, destruyen a la persona o la hacen más productiva. En algunos casos lamentables, realmente llevan a la gente a terminar con sus vidas. Sin embargo, yo creo que la difunta Corrie Ten Boom tenía razón cuando decía: "Los problemas son sólo oportunidades."

Las desagradables experiencias de la vida a menudo no nos permiten controlarlas cuando llegan, pero, en la mayoría de los casos, podemos ejercer el control de las averías y el control del aprendizaje. ¿Cómo podemos tú y yo superar los grandes obstáculos que nos confrontan? ¿Cómo podemos aprender de las situaciones dolorosas que, a veces, nos infligimos sin darnos cuenta? ¿Siquiera es esto posible?

Puede que pienses que esto es parecido al cuento de la mamá que le preguntaba a su hijo sobre los proverbios. Ella preguntaba: "¿La limpieza se parece a...?" Luego de una pausa, el niñito contestó: "*¡Imposible!*"

¿Tu dolor emocional te programó para que creyeras que es casi imposible encontrar alivio? Entonces, amigo mío, sigue leyendo: este libro es para ti. Quiero darte esperanza. Una esperanza tan grande, tan maravillosa que descubrirás la gloriosa alegría de vivir. Empecemos un viaje y descubramos juntos, a través de la existencia de personajes reales, cómo podemos no sólo entendernos con los dolores de la vida, sino también triunfar sobre ellos.

El régimen sanador de Dios

Hace muchos años, cuando era un joven soldado que pasaba por el entrenamiento básico en Fuerte Ord, California, me enseñaron cómo salvar una vida en el campo de batalla. Era una sencilla lección para memorizar:

Parar la sangre
Restaurar la respiración
Curar y vendar la herida

En su gran sabiduría, Dios también ha previsto una pauta básica para el tratamiento de nuestras heridas. El plan de Dios se parece al del ejército norteamericano:

Parar la sangre
Curar y vendar la herida
Dejar que Dios sane

Como comentamos, los golpes llegan a la gente de muchas formas. A menudo, aunque la "hemorragia" no adopte la forma de sangre roja, el acto es igual de real. De manera que ¿funciona el régimen de sanidad de Dios cuando la herida es emocional? ¿Qué pasa cuando es inducida por las drogas? La respuesta es: *¡Sí!* Dios receta el mismo tratamiento básico: Parar la sangre, curar y vendar la herida, y dejar que Dios sane. Él y sólo Él es el Sanador. ¡Y qué trabajo hace! *El tierno toque de Dios* está organizado conforme a este régimen de sanidad divina.

En la primera parte, "Parar la sangre", veremos más acerca de qué nos hace el dolor sin tratamiento y cómo intentamos frenarlo infructuosamente. Usaremos capítulos enteros para considerar cuatro casos especiales de dolor: la muerte de un ser querido, los accidentes graves, los asuntos de familia y la negativa a tratar las viejas heridas.

En la segunda parte, "Curar y vendar la herida", examinaremos nuestra parte en el proceso de sanidad. ¿Qué nos pide Dios que hagamos? ¿Cuáles son los pasos que debemos dar para superar el dolor y la herida, y una vez más volver a adueñarnos de la vida abundante?

La tercera parte y final del libro es indudablemente la más importante. "Dejar que Dios sane" se enfoca en el papel crucial e indispensable que Dios debe desempeñar en nuestras vidas, si deseamos hallar el gozo y el entusiasmo que Él concibe para nosotros.

Como tú, yo he tenido mi cuota de golpes. Durante mi vida me negué a tratar esas heridas, no supe cómo tratarlas o ni siquiera sabía que las tenía. El camino de regreso al gozo no siempre fue fácil, pero ha valido más que la pena: ¡Dios sana!

Los golpes no son tu vida

Golpes, dolores, sufrimientos. Ellos no son tu vida. No puedes permitir que las circunstancias consuman tu vida. El salmista clamaba: "¿Por qué te abates, oh alma mía, y te turbas dentro de mí? Espera en Dios; porque aún he de alabarle, salvación mía y Dios mío" (Salmo 42:5).

La semana pasada mi esposa me dijo que me había vuelto a quejar del dolor de espalda. "Quizás te sanes cuando termines de escribir este libro; estás sintiendo lo que siente el lector", dijo. Bueno, si eso es así, ¡adelante con el libro!

Aunque, antes de seguir, permíteme que te dé ánimos diciendo que hay esperanza para ti. Podrás sentirte mejor. No siempre será fácil. Rara vez es fácil trabajar contra el dolor, sea físico o emocional. Pero hay esperanza. Va a requerir valor, pero ¡podrás hacerlo! No tienes que pagar un precio enorme: sólo un poquito de tu fe.

Como yo soy de ascendencia escocesa, siempre me ha gustado viajar por Escocia. La gente allí tiene un sentido del humor muy grande. Le gusta mucho narrar cuentos sobre su tacañería y maneras egoístas.

Uno de esos cuentos trata de dos escoceses que estaban de viaje en Tierra Santa. Cuando llegaron al mar de Galilea y supieron que les costaría cincuenta dólares a cada uno el cruce en bote de ese lago, protestaron con vehemencia. "Los lagos de Escocia son los lagos más hermosos del mundo y uno puede cruzarlos por unos cuantos centavos", dijo uno de ellos echando humo. El guía de turismo objetó: "¡Oh, pero este es el lago sobre el cual caminó Jesús!" El escocés le replicó rápidamente: "¡Qué menos, con los precios que cobran por cruzar en bote!"

Recuerda, Dios quiere darte su tierno toque. No hay precio que pagar para recibirlo, porque el precio ya fue pagado en la cruz por ti. Cuando Jesucristo moría en el Calvario, clamó con su último respiro: "¡Consumado es!"

Espero que este libro te permita abrazar el milagro de Dios que sana las heridas. No tenemos que inventarnos disculpas para explicar por qué el golpe sigue doliéndonos. No tenemos que conocer todas las respuestas para nuestras heridas. Sólo un poquito de fe, digamos del tamaño de un grano de mostaza, y Dios puede hacer un milagro en nuestras vidas. Démosle a Él esa oportunidad.

Primera Parte

Parar la sangre

El toque tierno de Dios

1

Personalidades deformadas por el dolor

El toque tierno de Dios

Alguna vez fuiste a una feria del estado o a un carnaval? Los parques de diversiones suelen tener una zona para el buen humor. ¿Te acuerdas de los espejos que deforman, haciéndote parecer de tres metros de altura y flaco como un poste de luz? ¿Y los que te hacían como de un metro de alto y tan gordo como una vaca? Sabemos que esos espejos no funcionan como cristales comunes, cuya función es reflejar fielmente lo que está frente a ellos. Nos reímos de las imágenes de aquellos espejos porque están deformadas. Dan una idea desviada de la realidad. Sabemos que no somos de tres metros de alto ni flacos como un poste de luz. La perspectiva deformada proviene de una distorsión de la realidad.

Algo parecido puede pasarnos cuando somos gravemente golpeados o heridos: deformamos la realidad del dolor. Eso se parece a cuando nos rompemos un hueso. Nuestro cuerpo se pone naturalmente en estado de conmoción para protegernos de la realidad de lo que acaba de suceder.

El otro impacto de la lesión

Hace unos años mi esposa Sandy no pisó un par de peldaños de la escalera, se cayó y se quebró la pierna. Fue feo. El hueso de la pierna rompió la piel, requiriendo la intervención de un especialista para efectuar una reparación quirúrgica. Una vez arreglado, le fijaron una varilla con tornillos por fuera de la pierna y le pusieron otros tornillos por dentro de la pierna. Ella estaba sola cuando ocurrió el accidente y, antes que los paramédicos llegaran a la casa, había entrado en estado de conmoción.

Felizmente nuestra hija Megan llegó de la escuela a los pocos minutos del accidente. Sandy la llamó desde el segundo piso y le dijo que no subiera, sino que llamara al servicio de emergencia y consiguiera ayuda de inmediato. Me llamaron a la oficina y me apresuré a volver a casa. Detuve a los paramédicos y les pregunté si podía verla y orar por ella antes que se fuera para el hospital. Cuando la vi, era evidente que estaba en estado de conmoción. Estaba despierta y coherente, pero decididamente en conmoción.

Es posible que el trauma que quizás ahora enfrentas te haya hecho algo parecido. Estás en un estado de conmoción, tus sentimientos están como entorpecidos. Sí, estás despierto. Sí, han pasado semanas, meses o hasta años desde el accidente. Sin embargo, la imagen que tienes de la vida está deformada. La mayor parte del tiempo sabes que es así sólo en el subconsciente, pero esa percepción aflora de manera esporádica a la superficie. ¿Así es como son las cosas realmente?, te preguntas. ¿Alguna vez van a mejorar las cosas?

Si no tratas en seguida tu herida, puede deformarse tu personalidad. Estás sangrando, y debes hacer algo inmediatamente para parar la sangre. De lo contrario, el dolor puede desfigurar tu personalidad.

¡Me la vas a pagar!

Algunas personas reaccionan a su dolor buscando venganza. Se dice que se le preguntó a Abe Lemmons si le guardaba rencor a Deloss Dodds, el director de deportes de la Universidad de Texas que lo despidió de su puesto de entrenador de baloncesto de Longhorn. "En absoluto", replicó Lemmons, "pero estoy pensando en comprarme un automóvil con el piso de vidrio para poder mirarle la cara cuando lo atropelle."[1] Aunque yo tengo la seguridad de que él dijo eso en broma, para muchas personas que han sido perjudicadas, la venganza es un aferrado estilo de vida.

Una de las películas más taquilleras del actor Bruce Willis se llama *El Vengador intransigente*. Hollywood ha llenado los cines del mundo con películas que tienen a la venganza en un papel protagónico. Has tu elección: *La venganza de:*

- Los tomates asesinos
- Batman
- El Zorro
- Etc., etc. (tú completas el título).

Todos hemos oído la frase: "No te enojes, véngate." El otro día escuché una anécdota que ilustra la idea. Había una viuda que esperaba recibir toda la fortuna de su difunto marido. Le hizo un funeral estupendo y encargó una lápida cara, sólo para enterarse, cuando abrió y leyó el testamento, que le había dejado todo a su secretaria, salvo cinco dólares. Naturalmente, la esposa se enfureció. Fue a la marmolería donde estaban preparando la lápida funeraria y mandó a que se cambiara la inscripción del monumento a su marido. El grabador dijo: "Lo siento, señora. Usted me dijo que grabara Descansa en paz en la lápida, y eso hice. Ahora no puedo

---

1. Abe Lemmons, *The Bible Illustrator for Windows*, Parsons Technology, 1994.

cambiarlo, a menos que usted quiera comprar una lápida nueva." Ella pensó un momento. Por cierto que no quería gastar más dinero. Y al fin dijo: "Quiero que a continuación de Descansa en paz, grabe lo siguiente: *Hasta que nos volvamos a ver.*"

Sin embargo, vengarse de la gente que te hiere es un triste desperdicio de tiempo. Eso llena tu corazón de odio, ira y amargura. Enojarse, buscar la venganza y vengarse son obras todas de nuestra carne, y nuestra carne sólo puede meternos en más problemas. Vengarse es algo que nunca parará la sangre, pero puede conducir a la tragedia.

Disgustado y fatal

Si no hacemos algo de inmediato para parar la sangre, el dolor continuado puede deformar nuestra personalidad muy fácilmente. El dolor no sólo puede matar la alegría de vivir, sino también dar un giro trágico. Considera los extractos que siguen, tomados de varios periódicos norteamericanos:

- En marzo de 1994, un resentido ex empleado de una fábrica de artículos electrónicos, en Santa Fe Springs, California, se presentó allí y abrió fuego contra tres trabajadores del lugar.
- En febrero de 1994, un empleado de Wendy's Old Fashioned Hamburgers, un restaurante de Tulsa, Oklahoma, entró al local y disparó, hiriendo a tres clientes y a tres empleados. Él quería un aumento de sueldo y obtener una cita con una muchacha que trabajaba en el lugar.
- En enero del mismo año, cuatro empleados de un restaurante Taco Bell, de Clarksville, Tennessee, fueron asesinados en lo que pareció un enfrentamiento a tiros entre pistoleros. Las autoridades descubrieron que los asesinatos fueron perpetrados por un ex empleado.

- En ese mismo mes, un ex empleado asesinó a cuatro trabajadores de Chuck E. Cheese, una afamada pizzería de Aurora, Colorado.

- En abril de 1992, la empresa Hewlett-Packard despidió a Eric Houston, quien luego mató a cuatro personas en la escuela en que se educó, en la ciudad de Olivehurst, California. Houston los consideró responsables por prepararlo para una "porquería de trabajo".

Un estudio de 1992 del Departamento de Estadísticas Laborales, tocante a las lesiones laborales fatales, informó que el homicidio llegó al diecisiete por ciento de las 6.083 muertes ocurridas durante horas de trabajo en ese año[2]. No podemos dejar de preguntarnos: *¿Tiene esto relación con gente herida que nunca estancó su hemorragia?*

El perfil típico de un trabajador descontento es el siguiente:

hombre blanco
35 años de edad o más
antecedentes de agresión
bajo amor propio
poseedor de armas
antecedentes de disputas con la jefatura
historia de drogadicción o abuso de alcohol
quejas por estrés laboral[3]

El doctor Michael Mantell es un psicólogo clínico de la ciudad de San Diego, California. Lo conocí hace 14 años cuando me hizo una prueba verbal para ver si yo era apto para entrar en la academia de policía. Hace poco me topé con una

---

2. U.S. Bureau of Labor Statistics, 1992.
3. Michael Mantell, *USA Today*, abril 5, 1994, pág. 11A, citando a Mantell and Steve Albrecht, *Ticking Bombs: Defusing Violence in the Workplace* (Burr Ridge, IL, Irwin Professional Books, 1994).

copia de la revista USA Today, que tenía un artículo de Mike referente a los empleados descontentos. Mike es un experto de la policía e integra un equipo nacional que actúa de inmediato ante tragedias tales como tiroteos masivos, donde sea que ocurran dentro de los Estados Unidos. Mike escribió junto con Steve Albrecht un libro titulado: Ticking Bombs: Defusing Violence in the Workplace [Bombas activadas: Atenuando la violencia en el centro de trabajo]. He aquí algunas conclusiones del libro:

> La reputación, la credibilidad, la eficiencia, la moral, la productividad, el ausentismo y la rotación laboral son los costos, nada ocultos, de la violencia en el lugar de trabajo que paga el empleador.[4]
>
> Algunos cálculos colocan pasados los cuatro mil millones de dólares anuales el costo monetario que tiene la empresa norteamericana debido a la violencia en el lugar de trabajo.[5]
>
> Las otras víctimas: los trabajadores que no quedan necesariamente lesionados en lo físico por la furia de la ira y carnicería cometidas por un compañero de trabajo. Estos lo pagan muy caro en materia de satisfacción laboral, sensación de bienestar y cicatrices emocionales que, a menudo, son invisibles por meses y años, y que sólo estallan más tarde en formas que, frecuentemente, se entienden mal.[6]

El doctor Mantell dice: "Hay una pauta práctica, realista y de poco costo para tratar a la violencia en el lugar de trabajo"[7], y observa que hay solución para tratar la personalidad deformada de un "empleado descontento". Dice:

---

4. Ibid.
5. Ibid
6. Ibid
7. Ibid.

La violencia en el lugar de trabajo no termina porque los empleadores y su personal obtengan mejor información y tomen más conciencia de las causas y las consecuencias de las formas letales y no-letales de la violencia. Esta se terminará cambiando la constitución del trabajador, del gerente y del entorno laboral norteamericanos. Esto presupone modificar la naturaleza de la manera en que la familia norteamericana cría a los futuros empleados y empleadores, los valores que enseña, los métodos para resolver conflictos que fomenta y la estima propia que engendra en los jóvenes. Esto presupone minimizar el monto de la violencia a que están expuestos nuestros jóvenes en la música, las películas, las revistas, la televisión y la cultura en general[8].

Ahora bien, yo no creo que todos lleguemos a ser asesinos en serie debido al divorcio o al maltrato o a la pérdida de un trabajo, pero todos debemos mirar profundamente dentro de nosotros mismos y preguntarnos: ¿Estamos satisfechos con nuestras vidas? ¿Hay paz verdadera en nuestros corazones? ¿Hemos perdonado a los que nos hieren? ¿Hay heridas dentro de nosotros que nunca hemos tratado, heridas que nos impiden seguir adelante en la vida?

Decididamente hay efectos colaterales de nuestra administración de las heridas. Nuestras vidas y la gente que hay en ellas están afectadas, para bien o mal, por nuestra atención o falta de atención de las heridas. Si no tratamos nuestros golpes en forma apropiada, nuestra personalidad puede deformarse, trayendo toda una gama de consecuencias imprevisibles y, posiblemente, trágicas.

¿Cómo te deformas?

Todos somos deformados en forma diferente. Mi personalidad deformada se manifiesta con mis características

---

8. Ibid

propias. Por ejemplo, un domingo por la mañana me encuentro parado en la puerta de la iglesia con descontento y dolor. Al estrechar la mano de la gente puedo ponerme a juzgar y enfocar las situaciones con una actitud cínica. *¿No se dan cuenta que estoy dolido?*, me pregunto. *¿No pueden ver lo insensibles que son?* Es como si mi dolor me dictara la manera de reaccionar al prójimo.

No está bien. Tengo que ser más grande que el dolor. Yo soy un ministro de la buena nueva de Dios y mi vida tiene que permitir que el amor de Él fluya a través de mí, sin que importe cómo yo me sienta mental o físicamente. De lo contrario, soy un siervo egoísta. El apóstol Pablo le dijo a su joven discípulo Timoteo que inste "a tiempo y fuera de tiempo". No obstante, así es como suele manifestarse mi personalidad deformada.

La personalidad deformada tiene, probablemente, su propia torcedura. Conozco familias enteras que son rehenes del "secreto de la familia". Puede que uno de los progenitores sea alcohólico. Quizá, años atrás, maltrató o violó a uno de los niños. Quizá haya un pasado delictivo que nadie debe conocer, o una escapada sexual con un compañero de trabajo. Sea lo que sea, algo está oculto, enterrado hondamente en los archivos de la historia familiar. La esposa o el marido nunca hablan de eso. El niño nunca lo enfrenta. Esto es un disfraz sumamente común dentro de las cuatro paredes de muchos hogares norteamericanos.

El dolor puede ocultarse, pero nunca se va. Se manifiesta en la forma de miembro de la familia que ataca a otro. Son las palabras filosas, cortantes, usadas para rebajar a una persona frente a los demás. Eso está ahí. Oh, puede que no estemos hablando de un asesino en serie o de un genocida, sino de ti, de mí y de la gente de todos los días que dejan que el dolor de la herida deforme su personalidad. Aceptamos el disgusto. Vivimos con la mente nublada y la cabeza turbia. Dejamos que el adormecimiento ensombrezca a los sentimientos. Y no tiene que ser así.

El dolor: parte de la vida

El dolor es una parte de la vida y debemos acostumbrarnos a aceptarlo. Es una parte desagradable de la vida, pero necesaria. Imagínate que no tuvieras sistema nervioso. Nunca sabrías si te balearon una pierna o si te cortaste la mano con un cuchillo. El dolor es un sistema de alertas. Cuando nuestro cuerpo está en problemas, cuando ha sido herido o lesionado, el dolor activa la alarma. Nuestro proceso de sanidad se activa y empieza a correr al lugar de los hechos.

Si un virus o una bacteria nos ha invadido el cuerpo, el cerebro recibe la actualización más instantánea de parte del sistema sanguíneo y empieza a formar anticuerpos para atacar la infección. Los músculos y los ligamentos, junto con el sistema del esqueleto, envían mensajes por medio del sistema nervioso advirtiendo que algo está mal y que esa parte del cuerpo necesita atención extra.

Entonces el cerebro alerta a las partes afectadas del cuerpo para que se preparen para la conmoción. Se segrega adrenalina, los músculos se ponen tensos o relajados, el corazón acelera sus latidos y los mecanismos de defensa del cuerpo se ponen en acción. El dolor fue la alarma que puso en movimiento todo eso.

Ahora bien, aunque nuestros cuerpos están hechos en forma maravillosa y, en muchos casos, se sanan a sí mismos, a menudo (mucho más que eventualmente) necesitan que se repare la lesión y se vende la herida.

Lo que rige para el ámbito físico también rige en lo emocional. El dolor es un sistema de alertas que advierte que algo no está bien. Algo ha atacado nuestro bienestar. Hubo una intrusión de un amigo o enemigo que nos ha herido física o verbalmente. Las situaciones de la vida se han apilado tanto que estamos demasiado tensos y no podemos administrarnos. Todos estos síntomas forman parte de un sistema de alerta que Dios diseñó en nosotros para que pudiéramos reorientar nuestro rumbo y asegurarnos de estar yendo en la dirección correcta.

Cada vez que realmente me duele, trato de recordar que si no sintiera dolor, probablemente estaría muerto. Quiero vivir. Estar vivo es maravilloso; cada día es una nueva aventura, como una hoja de papel en blanco lista para ser llenada, línea por línea. Hace años aprendí que mi vida estaba tan echada a perder que las páginas estaban llenas de basura. Supe que debía comenzar de nuevo. Tenía demasiadas deudas del ayer; demasiadas personas que ofendí en la fiesta del fin de semana; demasiadas cosas que quedaron sin hacerse en el trabajo. Quizá tú conozcas ese sentimiento: la indefensión y la desesperanza.

Tengo la seguridad de que es por eso que se venden tan bien el alcohol y las drogas. Sirven para que la gente tape el dolor que viene con la confusión y el fracaso. Por ahí es por donde empezamos a hundirnos tanto en la depresión que, verdaderamente, se nos deforma la vida. Sin duda, la mayoría de nosotros no haría volar un edificio ni asaltaría un banco. No nos chiflamos y dañamos a otras personas. Sencillamente permitimos que nuestras mentes se formen un sentido distorsionado de enfoque.

El fruto de esa manera de ver al mundo se manifiesta de muchas maneras. Citas sin cumplir. Cheques devueltos por falta de fondos. Peleas con nuestros seres queridos. Llegar atrasado al trabajo. Beber alcohol o tomar pastillas en exceso. Amistades que se derrumban. Seguro que sabes de qué te hablo.

Ahora bien, ésta es la buena nueva: La vida no tiene que seguir así. Puede que pienses: *Correcto, Mike. No te cuesta nada decirlo. No sabes cómo es la cosa.* En realidad, yo sí sé cómo es la cosa. Durante veintiséis años luché terriblemente con la vida (ya irás sabiendo más a medida que progrese el libro). Nunca supe que había una salida de las tinieblas, un camino que reemplazara mi confusión con claridad, mi desesperación con gran esperanza. Por favor, déjame ayudarte a encontrar los secretos de la vida que, también tú, llevas años buscando.

Nos dicen que el rey Salomón fue el hombre más sabio que ha vivido. En los primeros seis capítulos del libro de Proverbios, Salomón repite con frecuencia a su hijo: "Si escuchas mis palabras y las obedeces, te irá bien." No pretendo en absoluto decir que yo tengo la sabiduría del rey Salomón, sino que, con toda honestidad, te pido que me escuches, porque yo estuve donde te hallas ahora en tu dolor. En la segunda mitad de mi vida he visto que Dios me saca desde el fondo del montón de basura, me limpia y me pone de pie. No sólo me pone de pie, sino que también me da una vida bastante productiva.

Sé que la vida puede herir. Sé que la vida puede ser injusta y nada equitativa. Sin embargo, también puede dar gran gozo y un tremendo desafío. Únete a mí y mira cómo puedes dejar atrás esa imagen de ti mismo propia de los espejos deformados de la casa de diversiones. Aprende también cómo puedes tener una visión clara de la vida, dejando atrás el viejo enfoque deformado.

Una Escritura a descifrar

A menudo le echamos la culpa a Dios por las cosas malas que nos pasan en la vida. Debiéramos, en cambio, tratar de mirar la vida desde una perspectiva más amplia. Un elemento clave para dejar atrás el enfoque distorsionado es darse cuenta de que hay una siniestra fuerza inteligente que trabaja horas extraordinarias para saber cuáles son los botones de tu vida que tiene que apretar para destruirte. Esa fuerza siniestra es el diablo. Te odia apasionadamente. Cuando estás dolido, él está feliz. Cómo se debe reír cuando logra que los seres humanos se destruyan a sí mismos. Jesús lo llamó "homicida desde los orígenes", y Pedro nos dice que anda rondando por la tierra buscando gente para destruir.

Yo no tengo problemas para entender las advertencias de la Biblia referidas al diablo. Conozco de primera mano cómo le gusta causar dolor, heridas y sufrimiento. Sin embargo, hubo una parte de las Escrituras que me tuvo intrigado durante años; sencillamente no tenía sentido para mí. Oseas 6:1-3 dice:

> Venid y volvamos a Jehová; porque él arrebató, y nos curará; hirió, y nos vendará. Nos dará vida después de dos días; en el tercer día nos resucitará, y viviremos delante de él. Y conoceremos, y proseguiremos en conocer a Jehová; como el alba está dispuesta su salida, y vendrá a nosotros como la lluvia, como la lluvia tardía y temprana a la tierra.

Siempre me desconcertó el porqué dice: "porque él arrebató, y nos curará; hirió, y nos vendará." Entonces, un día, me di cuenta que no todo golpe es del diablo. Dios puede permitir a propósito que entre el dolor a nuestras vidas. Fíjate que Oseas dice que si Dios hiere, *Él vendará*.

Grandes son los misterios de la deidad. No podemos figurarnos todo lo que Dios hace o permite. Sabemos, por supuesto, que "todas las cosas ayudan a bien" (Romanos 8:28). No se garantiza que todo sea bueno, pero, de alguna manera, las circunstancias se consolidarán para bien, por más dura que sean.

Un sueño perturbador

Hace unos cuantos años me desperté temprano en la mañana soñando algo desacostumbrado, que no tenía sentido en absoluto. Sin embargo, el sueño era tan vívido como una película pasada en un cine de la ciudad. Soñé que iba huyendo de una pandilla en motocicletas. La banda me había estado intimidando y amenazando con matarme; yo corría a esconderme en un patio, detrás de unos arbustos cercanos a la casa.

De pronto escuché el ruido de una motocicleta que se me acercaba despacio, calle arriba, el motociclista pasaba por el lado de mi escondite. Él era más grande que yo y hubiera sido un enemigo formidable. Llevaba puesto un gran casco del ejército nazi y una chaqueta gruesa y voluminosa. Al detenerse en el patio donde yo estaba escondido, su motocicleta patinó de repente en el pasto húmedo y se deslizó y cayó. Supe que esa era mi oportunidad. Tomé un palo grande para golpearlo por detrás. Justo cuando levantaba el palo por encima de mi cabeza para dejarlo caer sobre su nuca, él se dio vuelta y me miró derecho a los ojos. Yo me impresioné, sorprendí y confundí: estaba mirando a los ojos de Chuck Smith, mi pastor.

En ese momento me desperté. No podía creer que una escena así hubiera llenado mi mente. Me di una ducha mientras seguí repasando la escena en mis pensamientos. Eran las siete y media de la mañana y le dije a Sandy que iba a ir, desde San Diego, a la oficina del pastor Chuck para verlo. Le conté el sueño a ella, que también la dejó desconcertada.

Durante la siguiente hora y media manejé rumbo al norte, mientras oraba pidiendo claridad y entendimiento. Chuck es uno de los hombres más ocupados del país y no es mi estilo aparecerme en su oficina sin ser anunciado. Sin embargo, yo sabía que el sueño significaba *algo*.

Cuando llegué a Costa Mesa, Chuck estaba mirando una película sobre nuestro amigo Raúl Ries. Fue muy amable, como de costumbre, pero realmente no tuvo tiempo de atenderme porque ya estaba atrasado una hora para una conferencia programada. De todos modos yo tenía que contarle el sueño. Le pedí que me atendiera un momento. Al contarle el sueño, yo no sabía interpretarlo, pues estaba fuera de mi alcance, aunque tuviera una connotación espiritual. Pero cuando llegué a la parte en que el enorme motociclista se daba vuelta y me miraba a la cara resultando ser Chuck, se me aclaró el significado. Chuck era representado como lo que no era. Sus enemigos lo estaban golpeando cuando él estaba caído, pero él seguía humilde y tranquilo, negándose a reaccionar contraatacando o saltando sobre sus atacantes. Entonces me vino a la mente el pasaje de Oseas 6. El Señor quería dar ánimos a Chuck en el sentido de que Dios controlaba la situación sin que importara lo que le dijera, pensara o le hiciera alguien. Dios iba a vendar y sanar.

Después supe que había, en verdad, detractores que se habían aprovechado de este hombre maravilloso, hiriéndole y perjudicando a la iglesia. Ellos pintaban un cuadro de él que no era cierto.

¿Qué pasa contigo?

¿Puede ser que un escenario como el anterior sea un eco de tu propia situación? Alguien te ha herido deliberadamente y estás sin defensa. Estás dolido y no sabes qué hacer. Si eso describe tu situación, o si te sientes herido por otra razón, permite que este libro sea de aliento para ti. Permite que el amor de Dios obre en tu corazón en este mismo momento. Él permitió que este dolor apareciera en tu camino y prometió vendarte y sanarte. A veces la vida es muy dura, pero cuando el dolor es de lo más agudo, el sufrimiento es de lo más profundo, entonces Dios entra a labrar y nos muestra Su fuerza y Su poder.

Abre tu corazón al Señor ahora mismo y permítele parar la sangre. Recuerda que el dolor existe para que nos acordemos que aún estamos vivos. El malestar nos dice que hay un problema que debe resolverse. Nunca olvides que el diablo existe en realidad y que se deleita en tu desgracia. Por otro lado, nunca pierdas de vista que existe un Dios omnipotente lleno de amor y compasión por ti y tus seres queridos. Él tiene un plan personal para tu vida. Aunque Su plan no sea siempre tu plan, Su plan concluirá con un vendaje. Terminará con sanidad. Y por último, terminará en el cielo con sanidad eterna.

Dios es el único que estancará tu hemorragia. Puede que no sepamos los qué o los porqué de Dios: los caminos de Dios no son nuestros caminos, pero sí sabemos que Él es un Dios de amor. A nosotros nos toca confiar, obedecer y creer. Él hará el resto. Dios tiene un propósito divino en todo. Así, pues, dale una oportunidad. Después de todo, Él te ha dado muchas a ti.

2

La muerte:
El dolor final

El toque tierno de Dios

Las dos cartas para Dios que siguen fueron escritas por niños. ¡Qué simplicidad y candor tienen los pequeñuelos!

Querido Dios, ¿a qué se parece morirse? Yo sólo quiero saber. No quiero hacerlo.

Michael

Querido Señor, mi abuela acaba de irse al cielo. Por favor, cuídala. Se llama Abuela.

Tu cristiano, Paul
(Siete años de edad, Cincinnati)[1]

---

1. Stuart Hample, *Children's Letters to God*, The New Collection, New York, Workman Publishing, Co., Inc., 1991.

La muerte es muy misteriosa para nosotros, especialmente cuando llega en forma inesperada. Ya duele bastante con alguien que primero se enferme, sea hospitalizado y sea grande la posibilidad de que se muera. Pero cuando la muerte es inesperada, tiene el poder de traumatizar a quienes conocieron y amaron al difunto. Este tipo de pena puede durar años, literalmente. Yo lo sé. Eso pasó conmigo.

¡Nunca vuelvas a decir eso!

Nunca olvidaré el día en que oí la noticia. Fue el 19 de agosto de 1959, un día cálido de verano, claro y asoleado, que trajo un huracán de dolor.

Yo había estado peleando. Mike MacIntosh, de sesenta y seis kilos de peso, se enfrentó a los ciento once kilos de Bo Welch. Los dos habíamos tenido un intercambio de palabras en el pasillo de la escuela, pero nunca soñé que el "grandote" se tomara en serio mi reto. Por supuesto que ni siquiera era una pelea pareja. Pienso que un ángel impidió que me pulverizara. Un grupo nos rodeó cuando empezamos a girar uno frente al otro: Bo se mantenía lejos de mí porque yo estaba dando unos buenos golpes; yo me mantenía lejos de Bo porque, como luchador, sabía que en cuanto me agarrara, era hombre muerto.

En medio de la pelea, una anciana llegó de la calle, caminando y gritando: "¡Oye, tú, grandote! ¿Por qué no eliges a uno de tu tamaño?" Por algún motivo dejamos de pelear, nos dimos la mano, dijimos nuestras disculpas y el grupo se dispersó. Cosa rara, miré mi reloj y me fijé en la hora exacta. Supe después que mi mamá también se acordaba de haber mirado el reloj precisamente en el mismo momento. Cuando regresé a casa, vi que el reloj también se había parado precisamente a la misma hora. Muy raro.

Después que mamá volvió del trabajo, yo me fui a la tienda con un amigo. Al volver, una amiga de mi hermano mayor se acercó a la cuneta frenando su automóvil, y nos dijo que subiéramos. Así lo hicimos, pero la cara de la conductora me dijo que algo malo pasaba.

"¿Qué pasa?", pregunté.

"¿Está tu mamá en casa?", ella replicó.

"Sí, ¿pero qué pasa?"

"Espera hasta que entremos a tu casa y te lo diré."

"¡No! Dímelo ahora, ¿qué pasa?"

Aún después de todos estos años, puedo ver la escena tan claramente como si estuviera viéndola en un video. Puedo ver a Penny Williamson mirándome a la cara y diciendo: "Tu hermano David murió en un accidente automovilístico hace dos horas."

"¡Eso es mentira!", rugí. "¡Nunca vuelvas a decir eso!" Pero mi ira estaba mal dirigida. Penny estaba diciendo la espantosa verdad. David iba de pasajero en el nuevo automóvil Volvo 1959 de un compañero de trabajo, en un viaje rápido antes que empezara a trabajar su turno de la tarde. Cuando el chofer cruzó las vías del tren a más de ciento doce kilómetros por hora, su vehículo se descontroló y se estrelló contra un poste de teléfono de un camino rural, justo en las afueras de Sacramento. David murió instantáneamente.

Seguimos en silencio durante el resto del camino a casa. Cuando llegamos Penny entró conmigo y me pidió que hiciera café; luego se lo diría a mamá. Sin embargo, las cosas se precipitaron más rápido de lo esperado. Supe instantáneamente cuando mi madre conoció la noticia, pues un grito salió de la sala de nuestra pequeña vivienda de dos dormitorios. Nunca desde entonces he oído un grito así, ni quiero volver a oírlo. Era el quejido de una madre que acababa de saber de la muerte de uno de sus amados hijos.

Me costó veinte años soltar definitivamente el dolor que sentí cuando supe que mi hermano había muerto. Puedo recordar muy bien que estaba en la funeraria, de pie, con mi madre, junto al ataúd abierto de David. Sencillamente no podía creer que él había muerto. Sólo tenía veintiséis años, estaba casado y tenía un bebé. Esto tenía que ser una broma cruel.

La muerte de un familiar es horrible a cualquier edad, pero si la muerte golpea tu puerta durante los frustrantes años formadores de la adolescencia, puede dejar feas cicatrices profundas. El dolor causado por la muerte de mi hermano me caló tan hondo que deformó mi personalidad durante veinte años. Pasé diez años bebiendo alcohol en forma excesiva. Decidí tapar el dolor. Me volví el alma de la fiesta, un animal habitual de las fiestas. Deambulé sin interés por dos años en la escuela secundaria, y luego la abandoné.

Como no sabía de qué manera "parar la sangre", el dolor mató mi alegría de vivir y deformó mi personalidad. Lo triste es que mamá, mi hermano Kent y yo sufríamos todos, pero ninguno de nosotros sabíamos cómo hablar de eso o adónde volvernos en pos de ayuda. No paramos la sangre y todos pagamos el precio durante muchos años.

Cuando la muerte llega golpeando

La manera en que manejamos la idea de la muerte puede condicionar a nuestro destino de forma negativa o permitirnos parar la sangre y seguir adelante. Considera tres conmovedores incidentes de mi propia experiencia:

- Una amiga muy querida me pidió que oficiara en el servicio fúnebre de su madre, con la que había sido muy apegada. La madre murió a las pocas semanas de habérsele diagnosticado un tumor cerebral, dejando un hijo doce años menor que mi amiga. El pequeño niño sólo sabía que su mamá estaba enferma y había ido al hospital. Cuando la familia llegó a la funeraria, el niño entró a la capilla de alguna manera y vio el ataúd abierto de su madre. Su hermana y su padre no sabían que él estaba ahí. Se acercó al ataúd y, por primera vez, se dio cuenta que su madre estaba muerta. Sollozó y sollozó. Cuando vi lo que estaba pasando, corrí a él, lo abracé y lo alejé del ataúd. Estaba desolado. ¡Qué manera tan terrible de enterarse de la muerte de su madre!

La muerte: El dolor final

- Un joven de unos veinte años se suicidó: otra víctima más de las drogas ilícitas. Dejó a tres pequeños niños. Su esposa, también alma perdida, era incapaz de ser la madre de sus tres hijos, así que las autoridades municipales los mandaron a vivir por separado con tres familias. En el servicio fúnebre de su papá, el chico de cuatro años corrió al lado de la tumba donde estaba el ataúd listo para ser enterrado. El niño puso su mano en el ataúd y dijo: "¡Papito! ¡Papito! ¡Sale de la caja!" Entonces, se volvió a mí, miró hacia arriba a lo largo de mi metro ochenta y tres, y rogó: "Yo quiero a mi papito. ¿Usted puede abrirme la caja y sacar a mi papito?"

- En San Diego un hombre trató de matar a su esposa y dos hijos. Finalmente, tomó el cuchillo, miró a su hijo de nueve años, y dijo: "Tú tienes la culpa de todo esto. Un día entenderás." Entonces se hundió el cuchillo en el corazón y murió frente a sus hijos. Cuando el tío del niño me contó esto cinco días después de ocurrir, le pregunté inmediatamente si podía hablar con el niño. Cuando el tío trajo al chico a la iglesia, me senté con él y le dije que, a veces, la gente grande está enferma y toma el remedio equivocado; que, a menudo, su dolencia le hace hacer y decir cosas que no tiene la intención de hacer ni decir. Yo quería que él supiera que no era su culpa toda la fealdad de lo acontecido en su familia en esa semana. Oramos juntos, y yo sigo orando que el Espíritu Santo borre la desgracia de esa alma tierna.

He comprobado que los servicios fúnebres suelen ser un momento en que la gente se enfrenta con "el dolor final". Una gran liberación emocional puede ocurrir cuando un ser querido ha sido finalmente puesto a descansar. Como ministro me maravilla la obra que puede realizarse en un servicio fúnebre. También me maravilla la herida sangrante que sigue abierta para tanta gente.

Dado que también he perdido seres queridos y familiares, siempre trato de escoger mis palabras con cuidado durante estos servicios. Además, siempre he considerado una cuestión de protocolo ser el último de pie al lado del ataúd y de la tumba. El recuerdo que quiero dejar es que un ministro de Dios estuvo ahí, desde el principio hasta el final. Aquí, en el funeral y en la tumba, es donde la gente puede entender los asuntos importantes de la vida y la muerte. Cuando ellos se van a casa y se sientan a solas, el proceso de sanidad puede facilitarse si han oído y captado las verdades bíblicas de la vida y la muerte en el servicio fúnebre.

Por otro lado, he dirigido otros servicios que dejaron un triste recuerdo. Una cosa puedo decir con seguridad: los funerales de los cristianos son mucho más fáciles de oficiar que los servicios de los incrédulos. El cristiano tiene esperanza; el incrédulo, nada. Aun el espíritu y el ánimo del público es diferente. En la primavera de 1995 me vi obligado a aceptar ese convencimiento.

Once funerales en diez días

Era la tibia mañana primaveral del miércoles 19 de Abril de 1995 cuando una explosión sacudió el Edificio Federal Alfred P. Murrah, de la ciudad de Oklahoma, estado de Oklahoma. A las 9:02 de la mañana una explosión muy fuerte derrumbó nueve pisos de concreto y mármol, aplastando adentro, instantáneamente, a cientos de víctimas inocentes. En cuestión de segundos, las pantallas de los televisores de todo el país se llenaron con escenas de sobrevivientes sangrantes y cadáveres sacados de los escombros. El dolor físico y emocional trascendió todo lo que pudiéramos haber imaginado.

Meses después, las familias y las amistades de las víctimas seguían sufriendo el trauma de esta atrocidad. Ciento sesenta y nueve personas perdieron sus vidas en la explosión, incluyendo a diecinueve niños. Se sabía que había heridas otras seiscientas catorce personas. Las autoridades no disponen del recuento de personas que pueden haberse dispersado luego de la explosión: personas que pasaban por la calle; gente que subía y bajaba de sus automóviles o que entraba o salía del edificio.

La ciudad de Oklahoma tuvo cientos de servicios fúnebres en los días posteriores a la bomba. El ejemplar de enero de 1996 de la revista *Life* citaba a un hombre del lugar que asistió a once funerales en diez días. Aun así se desesperaba porque no podía ir a todos los servicios de los amigos que había perdido.

Dado que yo llevo muchos años participando en programas de capellanía para oficiales de la fuerza pública, me preocupé personalmente por los agentes federales y los oficiales de la policía que trabajaron en el escenario de la tragedia. Llamé a un amigo que había sido subdirector del FBI y le comuniqué que yo estaba disponible para ayudar; él hizo unas llamadas a sus contactos. También recibí cartas de presentación del jefe de la policía de San Diego y del comisario de San Diego. Mi corazón estaba muy apesadumbrado sabiendo lo que tendrían que ver, oír y hacer los hombres y las mujeres de las agencias de la fuerza pública, cuando estuvieran limpiando los escombros. Me fui a la ciudad de Oklahoma y, luego de presentarme a las autoridades de la localidad, empecé a conversar con los que estaban en el sitio y oí cuidadosamente sus penas. De inmediato me di cuenta de varios común denominadores.

Primero, era casi imposible que estos dedicados trabajadores evaluaran la enormidad de la explosión y la destrucción que causó.

Segundo, la muerte de niños inocentes era algo sumamente difícil de afrontar para los encargados de sacar sus cuerpos de los escombros.

Tercero, la mayoría de los trabajadores federales y del personal de la ley que estaba en el lugar, había perdido amigos y colegas en la explosión. Un agente federal me dijo que cinco minutos antes de la explosión había estado hablando por teléfono con un hombre que conocía desde años;

habían trabajado juntos en varios casos. Ese hombre murió en la explosión. Darse cuenta que esa fue la última vez que habló con su amigo era sencillamente demasiado que soportar. Mientras estábamos conversando, parados bajo la lluvia y tratando de poner en perspectiva su dolor, el agotamiento afloraba a la cara de este oficial; llevaba más de treinta y una horas sin dormir.

Otra noche fue cuando un oficial que ayudaba a sacar cadáveres de los escombros, descubrió que un amigo muy querido era el objeto de esta búsqueda. Fue lastimoso observar su reacción. En los pocos momentos que hablamos, pasó del remordimiento, el dolor y la tristeza a la ira profunda; "odio este edificio", dijo con ferocidad.

¿Qué se le dice a alguien en una circunstancia como esta? Este hombre estaba verdaderamente sangrando desde el alma. Aunque las palabras amables y la simple compasión por su dolor podían comenzar a parar la sangre, su dolor era en extremo profundo, y yo sabía que sería imposible presenciar una sanidad completa en sólo pocos momentos de conversación. Pero eso no significa que nada se hubiera logrado por medio del diálogo compasivo.

Me di cuenta que era importante recordar lo que dijo el rey Salomón: "La blanda respuesta quita la ira; mas la palabra áspera hace subir el furor" (Proverbios 15:1). Hubiera resultado fácil ventilar mi ira y enojo por lo horrible de la situación, y al hacer eso hubiera ganado un par de escuchas entre los que estaban ahí, pero mi llamado era más que eso. Este hombre sufrido necesitaba palabras bíblicas blandas. Yo quería detener la sangre, y las blandas palabras de compasión eran exactamente lo que él necesitaba. Yo sabía que algunas de las mejores se encuentran en el Salmo 23.

Reaccionar ante el dolor extremo

Uno de los libros del Antiguo Testamento que más gusta es el de los Salmos. La mayoría de los ciento cincuenta salmos fueron escritos por David, rey de Israel, y escasamente dejan sin tocar algún tema referido al hombre y su sufrimiento, pena y dolor. Lo grande de estos escritos es que todos apuntan a Dios para el arreglo de nuestras heridas.

Fíjate en el Salmo 23. Este Salmo trata los miedos de la muerte en el contexto de la fe y confianza en Dios. Tómate el tiempo para leer lentamente estos seis cortos versículos. Saborea el mensaje como un ungüento suavizador:

> *Jehová es mi pastor; nada me faltará. En lugares de delicados pastos me hará descansar; junto a aguas de reposo me pastoreará. Confortará mi alma; me guiará por sendas de justicia por amor de su nombre. Aunque ande en valle de sombra de muerte, no temeré mal alguno, porque tú estarás conmigo; tu vara y tu cayado me infundirán aliento. Aderezas mesa delante de mí en presencia de mis angustiadores; unges mi cabeza con aceite; mi copa está rebosando. Ciertamente el bien y la misericordia me seguirán todos los días de mi vida, y en la casa de Jehová moraré por largos días.*

Este Salmo está lleno de consuelo y esperanza para el creyente. Casi parece que este Salmo fue escrito específicamente para ayudar a estancar la sangre de la herida extrema.

1. *Jehová es mi pastor; nada me faltará.*
Cuando David escribió el salmo veintitrés, escribía de su experiencia muy personal de pastor. Isaí, su padre, tenía muchas ovejas, y David ayudó desde su juventud a su padre y hermanos a cuidar de los rebaños.

Por la Escritura sabemos que David era un siervo fiel y valiente de su padre. David había visto obrar a Dios defendiendo al indefenso. Él sabía por experiencia propia que Dios protege a los suyos. David sabía cómo cuida un pastor amante a sus ovejas, así que le era natural pensar en el Señor como su Pastor. Él sabía que Dios era un Dios amante y, por tanto, que nunca debía preocuparse por sus necesidades físicas o emocionales. Dios estaba al mando y David confiaba en Él.

Esta lección es tan importante para nosotros como lo fue para David. Cuando el dolor entra en nuestro camino, debemos confiar en Dios. Él es el Pastor de nuestras almas y sabe qué es lo óptimo para nosotros. Sólo resulta natural que nosotros queramos alivio o liberación inmediatos de nuestros problemas, pero miremos más de cerca lo que dice David: *nada me faltará.* David dice que por ser una de las ovejas de Dios, nunca nada nos faltará. ¿Por qué no? Porque todo lo que necesitamos está en nuestra despensa; todos los armarios y estantes están llenos.

2. *En lugares de delicados pastos me hará descansar; junto a aguas de reposo me pastoreará.*

Un buen pastor hace que sus ovejas hallen reposo. Fíjate que David dice: Él [Dios] *hace.* Nuestras vidas son, a menudo, tan presurosas que no nos damos el tiempo necesario para descansar. El Señor nos ayudará a descansar, nos obligará a hacerlo si es necesario, en los momentos de pena y dolor.

Un buen pastor se interesa no sólo por lo que hacen sus ovejas, sino también en dónde lo hacen. Los pastos delicados no sólo son el lugar apropiado para que las ovejas festejen, sino también el lugar óptimo para ellas. Los "asalariados" no suelen ocuparse de que se le dé lo óptimo a las ovejas. Éstas no les pertenecen y para ellos es sólo una ocupación.

En cambio, el Señor hace lo que hace todo buen pastor: busca el sitio óptimo para nosotros. Nuestra tarea es sencillamente confiar en Él cuando golpea el extremo dolor. Él nos cuidará aunque nos sintamos desorientados, confusos, ahogados o perdidos.

Luego, David nos recuerda que las ovejas son criaturas tímidas y pusilánimes. Son de los pocos animales de la cadena de alimentación completamente vulnerables a los depredadores. Las ovejas no tienen capacidad para defenderse. No tienen garras ni dientes afilados. No son venenosas. Ni tienen músculos desarrollados. Ni siquiera, un buen gruñido ni aspecto amenazador. Por esto las ovejas se espantan fácilmente.

Las ovejas no pueden relajarse fácilmente; menos echarse cerca de ninguna clase de aguas ruidosas y arremolinadas. Eso es demasiado inquietante. Por eso el buen pastor busca pastos delicados al lado de "aguas de reposo". Él quiere que se relajen y lo dejen proveerles todo lo que necesitan.

El Señor hace lo mismo por nosotros. El dolor produce trastornos y alteración de nuestro equilibrio. Nos baja la guardia como si estuviéramos siendo llevados de aquí para allá en los rápidos espumosos de un viaje en balsa río abajo. Los golpes y el dolor pueden hacernos sentir que vamos río arriba y sin remos.

Por eso David nos recuerda que nuestro Buen Pastor nos guiará junto a aguas de reposo. No te preocupes, el Señor te está cuidando y proveerá la paz que necesitas, aun durante el golpe extremo.

3. *Confortará mi alma; me guiará por sendas de justicia por amor de su nombre.*

Aquí David trae consuelo real a nuestros corazones. "Él confortará mi [nuestra] alma." El alma es nuestro mismo ser, nuestro carácter, nuestra personalidad. Los griegos la definían como el asiento de los sentimientos, deseos, afectos y aversiones humanas. De la palabra griega que se traduce 'alma', derivan *psiquis, psiquismo* y sus variantes, incluyendo *psicología, psiquiatría,* etc.

Como Dios creó tu alma, sabe exactamente cómo restaurarla. Deja que haga lo que Él sabe hacer mejor. El intenso dolor parece que no se irá nunca, pero ten paciencia, que el Señor está obrando en ti.

Recuerda que Él observó que su Hijo unigénito moría en la cruz por los pecados del mundo: los tuyos y los míos. Él sabe por lo que estás pasando. El mismo Jesús entiende muy bien esto. Fue Él quien dijo: "Yo soy el buen pastor; el buen pastor su vida da por las ovejas ... Yo soy el buen pastor; y conozco mis ovejas, y las mías me conocen" (Juan 10:11,14).

El Nuevo Testamento insiste en que Jesús entiende en verdad nuestras heridas y dolor. Él sabe qué es sufrir más cabalmente de lo que cualquiera de nosotros podría. El libro de Hebreos dice:

> *Por tanto, teniendo un gran sumo sacerdote que traspasó los cielos, Jesús el Hijo de Dios, retengamos nuestra profesión.*
>
> *Porque no tenemos un sumo sacerdote que no pueda compadecerse de nuestras debilidades, sino uno que fue tentado en todo según nuestra semejanza, pero sin pecado.*
>
> *Acerquémonos, pues, confiadamente al trono de la gracia, para alcanzar misericordia y hallar gracia para el oportuno socorro.* (Hebreos 4:14-16).

¿Ahora puedes entender por qué Él puede ayudarte a pasar este terrible tiempo de prueba? Como se dice comúnmente cuando se coincide: "¡Eso mismo me pasó a mí!" Él sabe; entonces confía en Él, pues "restaurará tu alma".

Puede parecer imposible que el extremado dolor desaparezca alguna vez, pero así será. Confía en Él. Escudriña las Escrituras. Busca tu historia en los Salmos y deja que te hablen para sanar tu herida. Los Salmos fueron escritos desde el corazón y la mayoría se basa en experiencias dolorosas; experiencias dolorosas de la vida, como la tuya y la mía.

Sin embargo, todos muestran que, en definitiva, Dios manda y que Él dará victoria a sus hijos. "Antes, en todas estas cosas somos más que vencedores por medio de aquel que nos amó" (Romanos 8:37).

Así, descansa en el Señor. Confía en Él. El Señor es tan bueno. Él está esperándote ahora mismo. Habla con Él y escucha su voz pequeña y queda. Él detendrá la sangre y te dará enorme paz.

Isaías dice: "Pero los que esperan a Jehová tendrán nuevas fuerzas; levantarán alas como las águilas; correrán, y no se cansarán; caminarán, y no se fatigarán" (40:31). El camino delante de ti puede parecer largo y solitario, pero aquí hay ayuda. Procura que el Dios de cielo y tierra tome el mando. El futuro puede parecer un túnel oscuro muy largo y tú no sabes si serás capaz de seguir adelante; pero lo harás. Tu fuerza volverá y hallarás frescura y novedad en la vida. De nuevo vibrarás y, por sobre todo, serás capaz de ayudar a otras personas que sufren de la misma clase de heridas que se te hicieron.

Sanando a otros después de veinte años

Al comienzo de este capítulo hablé de la muerte de mi hermano David y de la manera en que llevé el dolor de su muerte durante veinte años hasta que Dios, por fin, trajo paz a mi corazón. ¿Cómo sanó Dios esta profunda herida? Como dije, costó veinte años. Durante los últimos cinco años de ese tiempo, entré al ministerio. Repito, el plan de Dios era brillante. Él conocía las pesadillas que yo tenía referente a mi hermano. Él sabía de las noches solitarias que me pasaba en los bares, "llorando en mi cerveza"; tantas cervezas que olvidaba por qué lloraba.

Aunque no lo admití completamente en el momento, había rabia y rencor intensos contra Dios enterrados en mi herida. ¿Por qué un Dios amoroso permitiría que pasara una tragedia como esa? Mi hermano tenía esposa y un hijo recién nacido. ¿Por qué Dios permitió esto? ¿Por qué permitiría que mi madre sintiera un dolor tan terrible? No era justo. La vida siempre estaba derrumbándose sobre nosotros y no había nadie que ayudara.

Yo me había vuelto a Dios cuando estaba iniciando la enseñanza secundaria, pero me había alejado de Él al finalizar estos estudios. Una buena parte de mi dolor era rabia y rencor contra el Dios que me había dejado caer, que había fallado en cumplir mis expectativas. Por eso me costó tanto tiempo ser sanado de ese dolor extremo de perder al hermano que tanto amaba.

Mi propia sanidad empezó, por fin, un día en que oficié en el funeral de un muchacho de diecisiete años que había muerto por una dosis excesiva de drogas y alcohol en una fiesta.

Sus padres estaban avergonzados del incidente y devastados por haber perdido a su hijo de esta manera. Ellos dijeron a los amigos de su hijo de la escuela secundaria que éste había sufrido un paro cardíaco (lo que era una verdad a medias, porque su corazón realmente se paró por la dosis excesiva).

La capilla estaba repleta; todos de pie. El buen mozo joven había sido muy popular. Se tocó algo de música, su novia leyó un poema; luego sus amigos tomaron la palabra y dijeron cosas lindas de su camarada ido.

Por último, me paré y hablé de la vida eterna y del valor de confiar en Dios. También di una oportunidad a la gente para que se comprometiera con Jesús. Entonces, mientras estaba de pie al lado del ataúd y la gente desfilaba de manera reverente y ordenada, me sentí sacudido. La madre y el padre habían llegaron y estaban parados solos, llorando y mirando la cara exánime del joven que ellos habían criado. Yo sabía del dolor que estaban sintiendo y entendía su pena. Veinte años antes yo había estado en la misma posición.

Efectivamente, cada vez que en mis veinticinco años de ministerio me he parado al lado de lechos de muerte, ataúdes y tumbas, he recordado el ataúd abierto de mi hermano y las lágrimas de mi madre, las de mi hermano Kent y las mías. Recuerdo al médico que nos dio un remedio para aminorar el dolor. Recuerdo que los compañeros de trabajo de mi madre le compraron neumáticos nuevos, le afinaron el motor del automóvil, le llenaron el tanque de combustible y juntaron un dinero para que dos hermanos adolescentes pudieran venir desde Portland, Oregon, a Sacramento, California, a estar con su doliente madre.

Mientras estaba con esa madre y ese padre unos veinte años después, Dios me sanó tocante a la muerte de David. Me mostró que, como ministro, mi herida y dolor personales me permiten ayudar a más gente. Ahora soy capaz de decir las palabras blandas y los comentarios amables que yo esperé que el ministro dijera a mi cuñada viuda hace veinte años. Puedo abrazar a los hermanos que están en la capilla y expresar que Dios usará para bien hasta esto. Sé que cuando una madre soltera entierra a su único hijo o hija, ella necesita que alguien esté ahí para escuchar su angustia, para consolarla y darle seguridad de que va a cruzar por esta terrible tormenta. A través de mi propio dolor yo puedo ayudar a los demás a cruzar por su propia pena.

Ahora que entiendo cómo Dios puede usar esta tragedia para Su gloria, he hallado una gran paz y una gran sanidad. Ya no temo más eso que temí tanto durante años. Como proclamó el apóstol Pablo: "¿Dónde está, oh muerte, tu aguijón? ¿Dónde, oh sepulcro, tu victoria?" (1 Corintios 15:55).

Como Pablo, yo también grito de gozo. Verás, en realidad, "el dolor extremo" no es en absoluto "final". Duele terriblemente y es muy real, pero dista mucho de ser "el final". La gracia y la misericordia y el amor del Gran Pastor se ocupan de eso. Aunque es cierto (como dice el salmista) que la muerte es un oscuro valle sombrío, ese valle siempre lleva al creyente al reino de luz y al Padre amante en "el cual no hay mudanza ni sombra de variación" (Santiago 1:17).

Y no hay más final que eso.

3

Accidentes en el camino

El toque tierno de Dios

En el capítulo anterior mencioné que trabajo desde hace muchos años como capellán de la policía. Considero eso como uno de los privilegios grandes de mi vida. Mi misión principal es para con los agentes y sus familias. He realizado servicios fúnebres y bodas; he aconsejado y trabado amistad con muchos agentes en el transcurso del tiempo, lo que siempre ha sido una experiencia desafiante y satisfactoria.

San Diego es la sexta ciudad en tamaño de los Estados Unidos de Norteamérica. Indudablemente tiene una buena cuota de delincuencia. Los niveles de tensión del personal de la policía pueden llegar a ser muy altos, y es entonces cuando el capellán puede servir mejor. Ningún aspecto del trabajo es más satisfactorio que salir en las patrulleras junto con los agentes que hacen sus turnos de diez horas. Durante ese tiempo puedo identificarme con ellos y también, hacer que ellos me conozcan. Siempre me hago a un lado, pero muchas veces me piden que ayude de una u otra manera.

Trauma en la intersección

Un domingo por la tarde iba en el carro patrulla con policías de San Diego; era la segunda ronda de vigilancia en un sector difícil de la ciudad. Mi compañera se había tomado una "clave 7" (pausa para almorzar). Eran cerca de las nueve de la noche y ella no había tenido un minuto para descansar desde que salió a la calle seis horas antes. Era uno de esos días en que mucha gente decidió que no quería "amar a su prójimo". Cuando estábamos terminando de comer y pagando la cuenta, entró una llamada tocante a un accidente automovilístico que involucraba a un peatón, a menos de kilómetro y medio de donde estábamos.

Cuando llegamos vimos una escena horrible. Otro agente que había llegado antes que nosotros estaba inclinado sobre el cuerpo de una anciana. Un torrente de sangre salía del cuello de ella, calle abajo, hacia nosotros. Había sido atropellada en la intersección cuando iba pasando sin hacer caso de la señal de esperar. Murió instantáneamente. Luego de encender las luces largas de carretera y desviar el tráfico, oímos decir a los testigos que la mujer había estado bebiendo en el bar de la esquina.

El chofer del automóvil que la atropelló era una señorita de unos veinticinco años de edad. Recién venía de la casa de una amiga, de regreso a su casa, cuando ocurrió el accidente. Ella había virado en la esquina empezando a subir la corta colina con la luz verde a su favor. Lo último que recordaba era la cara de la anciana rompiendo el parabrisas. Ella frenó de golpe, lo que tiró a la víctima desde el parabrisas al pavimento.

Esta señorita estaba tan impresionada que sólo gritaba y sollozaba convulsivamente. Mientras la agente cumplía sus deberes, yo traté de ayudar a que la conductora se tranquilizara. Ella se desmayó en la acera.

Sólo después que llegaron los padres de la joven pudimos ayudarla a subir al auto patrulla. Su mamá y su papá la acompañaron a Emergencias de un hospital de la zona, donde la trataron por conmoción y la sedaron. Entonces fue entregada al cuidado de sus padres y llevada a casa.

Yo estaba seguro de que esta joven iba a necesitar una atención posterior que la ayudara a enfrentar el accidente, aunque ella era inocente de toda inculpación. Le di mi tarjeta de capellán de la policía a sus padres y les dije que estaba dispuesto a ayudar como a ellos les pareciera bien. Si su hija deseaba hablar de la tragedia, yo estaba a su disposición. Nunca más supe de esa joven o de su familia hasta casi pasado un año.

Una tarde dominical yo estaba en la iglesia impartiendo un estudio bíblico, cuando se me acercaron dos mujeres con la historia más increíble. Una preguntó si nos habíamos conocido antes; mi voz le sonaba conocida aunque nunca había estado en la iglesia. Entonces la reconocí. Ella era la mujer que manejaba el automóvil meses atrás. Su amiga iba a nuestra iglesia y la había invitado a visitarla.

Resultó que la conductora había estado soportando mucha pena y sufrimiento desde el accidente, pero sin saber dónde recurrir. Unos seis meses después del desastre llamó a una vieja amiga. Se imaginó que si alguien podía ayudarla, sería ésta. Cuando preguntó por su amiga, le dijeron que ahí no vivía nadie con ese nombre, pero luego que ambas colgaron, la joven que había dicho eso pensó: *Qué tonta fui. Ese era el apellido de mi hermana hasta que se casó y se mudó.* Entonces oró y le pidió al Señor que hiciera que esa persona volviera a llamar si era importante.

En ese mismo instante la joven perturbada estaba pensando que debió haber marcado mal el número; así que volvió a llamar. Esta vez la voz del otro lado del teléfono le dijo que su hermana vivía ahí y que ése era su nombre. Así que, después de todo, el número estaba bien. Cuando las dos mujeres se dijeron sus nombres, se reconocieron inmediatamente. "¿Dónde está tu hermana ahora?", preguntó la primera. "Yo tengo un problema muy grande y necesito que ella me ayude." La joven de nuestra iglesia le explicó que su hermana se había casado con un muchacho que acababa de ser dado de baja de la Armada. Esto le pareció increíble a la joven que andaba buscando ayuda. "A tu hermana y su amigo les gusta mucho andar de juerga. ¿Cómo pudieron estabilizarse y casarse? Ambos eran del tipo de los solteros."

La mujer explicó entonces que su hermana y su amigo se cansaron de la vida de parrandas y un domingo decidieron ir a la iglesia. Fue allí que supieron del gran amor de Dios por ellos y ambos le pidieron a Dios que entrara a sus vidas y los cambiara. Ellos se convirtieron en cristianos y dejaron las fiestas de inmediato, dándose cuenta de cuánto se amaban uno al otro; decidieron casarse y se estabilizaron.

"¿Qué significado tiene todo eso?", preguntó la joven angustiada. Entonces empezó a contar todo por teléfono. En ese momento le llegó la invitación para ir a la iglesia. Dio su corazón al Señor y halló de inmediato la paz que había buscado con tanta desesperación. En la tarde del domingo en que oí esta historia, ella había venido a la Comunidad Cristiana Horizonte con su nueva amiga.

Sólo hasta después de terminar el servicio vespertino, se dio cuenta de que yo era el capellán de la policía que estuvo en la escena del accidente. El desastre la había puesto en tal estado de conmoción que no sabía quién era yo ni que la había ayudado. Ella sólo recordaba mi voz, una voz que había penetrado la espesa niebla de adrenalina y trauma. Durante todo el estudio bíblico su mente estuvo tratando de reconocer la voz. ¡Cuánto agradecimos los dos cuando ella se dio cuenta de que Dios había estado con ella durante y después del accidente!

Nos ocurre a todos

Los accidentes nos ocurren a todos. No tienen que ser colisiones de vehículos o cosas trágicas; un accidente es simplemente "un suceso indeseable inesperado". A veces usamos la palabra para referirnos a un incidente imprevisto aunque inocuo; quizá debimos ir a cierta tienda pero terminamos yendo a otra, "por accidente"; o quizá fue "por accidente" que fuimos a la fiesta equivocada y la policía nos llevó presos.

Como sea que enfoquemos el hecho, es, en todo caso, una perturbación de nuestros planes. Estas interrupciones producen, a menudo, terribles heridas, trastornos y dolores en nuestras vidas.

Hace dos semana Sandy iba manejando en la autopista. El chofer de un camión grande no la vio cuando decidió cambiar de senda y produjo un accidente. Felizmente nadie salió lesionado, pero el camión estropeó mucho el automóvil de ella. Sandy fue ayer de compras en mi automóvil y, cuando trató de evitar a otro auto que venía, por accidente se acercó demasiado a la pared, dañando la puerta trasera. Cuando Sandy salió a comprar no tenía la intención de golpear el automóvil; fue un accidente y los accidentes producen frustración y ansiedad.

Supongo que podemos preguntar: ¿Realmente existen los accidentes en el plan de Dios? El apóstol Pablo no parecía pensar que sí. Escribió en Romanos 8:28: *"Y sabemos que a los que aman a Dios, todas las cosas les ayudan a bien; esto es, a los que conforme a Su propósito son llamados."* Por favor, fíjate que Pablo no dice que todas las cosas que pasan sean buenas; Dios sabe que los accidentes no son buenos. Pablo escribió, en cambio que "todas las cosas *les ayudan a bien"*.

¿Alguna vez tuviste un accidente que invalidó tu capacidad para moverte o que erosionó tu fe en Dios? Por favor, no dejes que eso siga dañándote; dejar que, en cambio, sea una oportunidad para que pares el sangramiento en tu vida. El accidente en sí nunca es bueno, pero puede ayudar para bien si Dios está al mando, tal y como hace un año el Señor me puso en la escena de ese hecho trágico en una noche estival exquisita. Él pone también a sus ángeles y a su gente alrededor de ti, incluso cuando no parece que lo haga.

Tragedia triple

Carolina tenía diecinueve años de edad; era una linda joven alta y esbelta, llena de amor por su novio. Los dos habían planeado casarse el cuatro de junio. Puedes imaginarte el entusiasmo y el gozo del corazón de esta joven novia, llena de las alegres expectativas que todos compartimos en un momento como este.

Una noche sonó el teléfono en la casa de campo donde vivía Carolina. Era un día de conmemoración patriótica, un día feliz para todos los de la pequeña comunidad agrícola de Kansas. El auditorio del parque del pueblo se había llenado de música festiva y los patios de muchas casas rebosaban de agua por los surtidores que los niños habían hecho funcionar toda la tarde. Cuando Carolina contestó el teléfono, el editor del periódico local le dijo que él iba a su casa cuando se topó con un accidente automovilístico. Un muchacho de diecisiete años de edad había estado bebiendo alcohol y, peligrosamente, viró a la izquierda por delante de un automóvil que venía en sentido contrario. El chofer y el pasajero de ese vehículo estaban ambos en estado crítico y habían sido llevados al hospital de la localidad. El editor le dijo que los dos pasajeros eran el hermano y el novio de ella.

Carolina corrió al hospital, a tiempo para verlos vivos a los dos; pero sus lesiones eran tan graves que ambos fallecieron a las dos horas. Carolina quedó desconsolada.

Su novio era de Toronto, Canadá. Después del funeral de su hermano, ella subió a un avión, donde llevaba los restos de su novio, y fue al funeral de éste. Al llegar al aeropuerto de Toronto, fue recibida por quien hubiera sido su suegra y otros parientes políticos. Todos lloraban sin consuelo. Dijeron que la muerte del novio de ella había impresionado tanto al padre del muchacho que tuvo un ataque al corazón y murió al día siguiente. Así pues, en aquel cuatro de junio, el día en que hubiera debido casarse, Carolina enterró a su hermano, su novio y al que hubiera sido su suegro. Ella llamó a eso "la tragedia triple".

Conocí a Carolina recientemente, cuando prediqué en una cruzada local. Su historia me recordó que las tragedias y los accidentes no sólo pasan "en la gran ciudad", sino que también ocurren "en el campo". Habían transcurrido ya veintidós años desde el hecho y, mientras ella contaba la historia, yo pude ver aún el dolor en sus ojos y oír la pena de su corazón, el de una mujer ya de cuarenta y un años de edad.

"¿Cómo enfrentó esa pena tan honda?", le pregunté. Ella dijo que trató de escaparse y taparla. Empezó a armar su alma de disfraces para no tener que encarar la tragedia. También empezó a tomar decisiones basadas, sin saberlo, en el dolor causado por esta tragedia triple, decisiones que le iban a causar aun más dolor.

Luego de pasarse un par de años viviendo recluida, empezó a salir otra vez. Se confió a un hombre mayor y se casó por sentir que eso la sanaría. Después de todo, él era un ministro. Pero no sabía que él nunca se había entregado a Dios y, por tanto, no podía dedicarse a ella.

Cuando tenía veinticuatro años supo que iba a tener su primer hijo. Entonces descubrió que su marido le era infiel. Tras ser denunciado, él se fue de la iglesia, abandonó a su esposa embarazada y a todas las deudas relacionadas con su reciente matrimonio, y se fue de la ciudad sin que se volviera a saber de él hasta después de uno o dos años. La solución final fue el divorcio.

Le pregunté a Carolina si alguna vez había hablado con el joven responsable del accidente fatal. Ella contestó que no, aunque los padres de él aún vivían en la misma casa rural que habían ocupado veintidós años atrás. Le pregunté a Carolina si alguna vez había hablado con los padres de él. Como hubo una pausa, supe que había más cosas en esta historia. Carolina vive muy cerca de este matrimonio. Ella pasa diariamente por esa casa recordando siempre la "tragedia triple".

Para tratar de ayudar a esta encantadora dama a que hallara paz, le sugerí que se detuviera en esa casa, entrara al porche y golpeara la puerta. Era más que probable que estos padres hayan sentido pena y dolor como Carolina. Era probable que su hijo todavía sintiera una culpa y pena tremendas y, aunque enterrado y sepultado, era probable que eso haya acosado a este joven por más de veinte años.

Cuando Carolina me contó su historia, yo estaba invitado por varias iglesias locales del condado de ella. Uno de mis mejores amigos, Paul Clark, había sido invitado a cantar en las reuniones vespertinas en el parque del pueblo. Paul había estado parado a nuestro lado, callado, oyendo esta historia trágica. Cuando yo terminé de hablar, Paul dijo: "Me acuerdo de esa noche del Día de Conmemoración, hace veintidós años. Yo estaba parado aquí mismo, en el auditorio de la banda, cantando y tocando mi guitarra. Las sirenas de la policía y de las ambulancias resonaban por el lado de la autopista. Más tarde nos contaron que hubo un terrible accidente automovilístico y que alguien había muerto."

El Antiguo Testamento dice: "Sólo por el testimonio de dos o tres testigos se mantendrá la acusación" (Deuteronomio 19:15). Dios esperó veintidós años en este caso para ponernos a Paul Clark y a mí al lado de Carolina para exhortarla, como si fuéramos dos testigos que podían manifestar a su mente que ella podía ser librada de su dolor profundo.

Nosotros también podemos, como Carolina, evitar erróneamente la transformación de las situaciones severas, sólo para, más adelante, enfrentar situaciones aun más fuertes. Si quieres parar la sangre que te llegó por un accidente, debes enfrentar primeramente el problema. Puede que parezca imposible hacerlo, pero si Dios está a tu lado, es más que posible. Es una oportunidad para descubrir sus manos amantes y sanadoras; y cuando golpean los accidentes, eso es lo que necesitamos más que ninguna otra cosa.

Mojado, salvaje y aterrador

El doctor Sherwood Elliot Wirt es uno de mis mejores amigos de toda la vida. Él y Rut, su encantadora esposa, siempre son para mí una inspiración por su consagración a la fe cristiana y su celo por la vida. Me siento como si hubiera tenido el privilegio maravilloso de ser adoptado por este gigante amante y amable. Woody (como le dicen sus amigos) tiene el complicado título de editor emérito de la revista *Decisión*, forma complicada de decir que ayudó a Billy Graham a realizar un sueño.

Ese sueño era crear una revista que exhortara a los cristianos, estimulara la evangelización, destacara la obra productiva de la Asociación Evangelizadora Billy Graham y, por sobre todo, predicara el evangelio de Jesucristo. Woody precisamente hizo todo eso en calidad de primer editor de la revista *Decisión*. Bajo la cuidadosa atención del doctor Wirt, cerca de cinco millones de ejemplares de la revista se distribuyeron cada mes en todo el mundo.

Woody me metió en los viajes rápidos en balsa en 1983. ¡Qué desafío estimulante y qué trabajo físico resultó ser! Él no me metió en las pequeñas olas del río; me bautizó en los rápidos espumosos.

Woody tenía setenta y dos años cuando hicimos nuestro primer viaje. Él disfrutó cada remojón y caída al río, aun nadando en los pozos de la ordinaria travesía. No contento con quedarse en el campamento, Woody revivió al grupo haciéndolo ir, arroyo arriba, hasta encontrar una cascada y su remanso hermoso para nadar ahí; todo esto mientras daba una conferencia gratis sobre las maravillas de la naturaleza. El punto más destacado de ese viaje fue ver a Woody que se zambullía en el remanso, como un cisne, desde un reborde situado a cuatro metros y medio de altura. A propósito, eso fue algo que ninguno de los más jóvenes se atrevió a desafiar. Me gusta decir a Woody que es "el niño vivo más viejo del mundo".

Desde esa ocasión he hecho cinco deslizamientos en los rápidos maravillosos de los ríos Tuolomne, Kalamath y Snake. Cada uno presentó retos y belleza propios. El año pasado Woody, ahora ya de ochenta y cinco años de espíritu joven, me dijo al pasar: "Mike, me gustaría hacer un viaje más en balsa contigo."

Por supuesto que mi corazón se entibió y conmovió. Este titán de la masculinidad estaba listo para una confrontación más con la naturaleza y sus exigencias. Rápidamente organizamos un grupo único de amigos, diez matrimonios en total, y elegimos el río Tuolomne una vez más. Nuestro viaje nos llevaría por el parque nacional Yosemite, con sus bellos escenarios que cortan la respiración.

El río tiene su propio modo de hacer muy, pero que muy divertido un viaje en balsa en sus aguas espumosas. Las lluvias del invierno de 1994-1995 en California fueron noticia de primera plana en la prensa de los Estados Unidos, y la capa de nieve era enorme. Esperamos el final del verano para hacer un recorrido maravilloso de dos días y veintinueve kilómetros de agua espumosa.

Sin embargo, nos preocupaba que tuviéramos que acortar nuestras vacaciones, porque se sabía que desde Colorado a California habían muerto varias personas y cientos quedaron lesionadas mientras iban en balsas por aguas espumosas. La nieve que se derretía producía unos espeluznantes tramos de rápidos veloces y turbulentos. El día que llegamos nos dijeron que ocho personas habían perecido en la parte inferior del Tuolumne.

Escuchamos las advertencias y prometimos tener especial cuidado en seguir las instrucciones de nuestros expertos guías. Seis semanas antes de nuestra llegada el río se había puesto tan peligroso que lo tuvieron que cerrar a los balseros. Ahora les parecía a los expertos que era de nuevo seguro. Fuimos el primer grupo al que se le permitió salir en balsa desde el cierre y reapertura del río.

El primer día fue muy divertido, aunque Woody y Rut se mojaron. Felizmente habían hecho pareja con Scott y Diana Holslag, los más jóvenes del viaje. Scott es el comisario del condado de San Diego y pesa casi cien kilos, mientras que Diana, secretaria legal, se mantiene en buena forma acudiendo tres veces a la semana al centro de preparación física de su familia en San Diego. Esta linda pareja fue asignada a ir con los Wirt, en caso de que ellos necesitaran atención extra y no porque a Woody le faltara algo. Resultó que Scott y Diana se unieron a los Wirt en una zambullida breve y helada hecha en un río de aguas veloces y recientemente fundidas. Pero no fue nada peligroso.

Al día siguiente, luego de acampar en una noche tranquila, desayunamos, empacamos y estuvimos prontamente listos para remar los sesenta y un metros hasta la fuente de las cataratas Clavey. Sandy y yo íbamos en la primera balsa, dirigiendo el grupo. John y Marilyn Dahlberg estaban con nosotros, remando a la izquierda, a la derecha, adelante y atrás, mientras el guía gritaba órdenes por sobre el ruido atronador. "¡Yuju!", aullaba yo. "¡Yuju!", cuando una tremenda ola de agua nos roció la cara, empapándonos.

Como yo iba adelante pude ver que habíamos pasado sin problemas, pero, un momento, ¿qué era esa otra ola levantándose frente a nosotros? Habíamos caído hasta el punto más bajo de las cataratas, pero esta ola que veíamos nos sobrepasaba y estaba por romper encima de nuestra balsa. No se suponía que algo así pasara. De lo siguiente que supe fue que John y yo estábamos escupiendo agua, hundidos en el más feroz rápido de este afluente de casi veintinueve kilómetros de largo.

Todo pasó tan rápido. Cuando salí a respirar, vi a Marilyn y le tomé el brazo, pero la turbulencia me volvió a arrojar contra unos peñascos enormes del fondo. Ahí fue cuando me di cuenta de que mi propia supervivencia peligraba. Al volver a salir a la superficie, boqueando por aire, hice lo mejor que pude para ponerme de espaldas, a fin de ir flotando corriente abajo, como nos habían enseñado en el curso de seguridad. No sirvió. Por tercera vez una fuerza invisible me tiró hacia abajo, y oré: "Señor, no me dejes morir aquí." Tuve una sensación tremenda de paz, pero supe que la muerte estaba moviéndose cerca.

El agua fría tiende a quitarte la fuerza y las reservas que uno pueda tener. El agua fría puede debilitarte rápidamente por muy bueno que sea el estado físico de uno. El frío me impedía tomar aire cuando salía a la superficie y tragué, en cambio, unos cuatro litros más de agua helada. Pensé que todo estaba casi terminado para mí cuando vi que se acercaba el próximo rápido. Incapaz de llenar con aire los pulmones, tosiendo agua, luchando por mantener mi cabeza encima del torrente, oí el grito de nuestro remero: "¡Nada hacia acá! ¡Nada hacia acá!" Aunque yo soy un buen nadador, uno no diría que eso que hice era "nadar". Sencillamente mis brazos no tenían fuerzas; aunque, con aparatos, puedo levantar pesas de casi 91 kilos, ahora no podía sacar mis brazos fuera del agua. Nadando a lo perro, arrastrándome, lanzándome, haciendo todo menos caminar en el agua, estaba decidido a llegar a las rocas, donde estaba el guía llamándome a los gritos.

Cuando por fin llegué, me di cuenta de que no podía salir del agua ni aferrarme a la roca. Con la voz más débil que haya tenido jamás, grité: "¡Ayúdenme!" Gracias a Dios que el guía estiró la mano y me tiró hacia arriba. Empecé a vomitar agua, vaciando mi estómago lleno. Sabía que me había escapado de la muerte. Entonces caí en cuenta: Si yo había estado tan cerca, ¿qué le había pasado a Sandy, John y Marilyn? Oré inmediatamente por ellos. Justo entonces la segunda balsa se dio vuelta, arriba en las cataratas, en el mismo punto que nosotros. Rut, Woody, Scott y Diana y su guía fueron lanzados al agua embravecida.

Mi guía llamó para que se acercara a la tercera embarcación cuando ésta pasó por el peligroso agujero que nos había chupado a los primeros dos grupos. La gente de la tercera balsa se quedó atónita cuando asomaron por el borde para empezar el descenso: dispersados a lo largo de unos ochocientos metros había diez personas empapadas, luchando por su seguridad entre equipajes, remos, provisiones y balsas, e iban río abajo, girando en un momento y, luego, desapareciendo.

Pasó media hora hasta que un bote pudo subir por el río para recogerme y llevarme a tierra firme. Cuando vi venir la balsa, supe que había pasado algo muy malo.

El doctor Fred Salley es uno de los principales médicos de cabecera de San Diego. Él y Meliss, su encantadora esposa, estaban en la playa atendiendo a los heridos junto con Sheila Najor, la enfermera jefe del doctor Salley. Rut Wirt había sido sumergida violentamente bajo el torrente y había tragado mucha agua. Cuando el doctor Salley vio a Rut no estaba seguro si ella estaba viva o muerta. Por otro lado, Woody había sido hundido con tanta fuerza que perdió sus pantalones cortos. Se golpeó contra muchas rocas, cortándose bastante las rodillas y las piernas. El agua fría entumeció su cuerpo de ochenta y cuatro años y le cortó la respiración. El médico pensó que podríamos perderlo. Scott dijo que cuando puso a Woody en una balsa creyó que estaba muerto.

Al contar la gente, nos dimos cuenta que aún faltaban algunos. Felizmente, la balsa de las provisiones había seguido río abajo a los faltantes del grupo y los recogió. Nos reunimos con ellos una hora después. Cuando al final partimos de vuelta a casa, vimos cosas desparramadas a lo largo de casi ocho kilómetros río abajo. John y Marilyn habían sufrido experiencias casi de muerte. A Sandy le costó mucho mantenerse de pie cuando salió de la balsa de rescate. Después de un examen cuidadoso hecho por el doctor Salley y uno de los guías, que también era un técnico médico de urgencias, se decidió inmovilizar la pierna de Sally y considerar la gran posibilidad de que se hubiera quebrado el hueso del muslo.

Horas después llegamos a un hospital rural. John con una muñeca hinchada y adolorida; Marilyn con un tobillo hinchado; yo con rasguños y magulladuras menores, y Sandy con su traje de baño mojado atado a su pierna como vendaje inmovilizador. Felizmente las radiografías no mostraron fractura del hueso. Sandy tenía una pierna muy lacerada, junto con moretones en toda la parte inferior de su cuerpo. También ella había entrado al club de las "experiencias casi mortales".

Una semana después, cuando todos hablábamos de lo sucedido, nos sorprendimos al tomar conciencia de que ninguno de nosotros había estado mucho tiempo en el agua. La baja temperatura, las aguas furiosas, la violencia de la succión y la gruesa capa de nieve que se estaba derritiendo tan rápidamente, se combinaron para hacer que el río se moviera veloz, sin misericordia para nadie que nadie estuviera dispuesto a desafiarlo. Todos estos factores se sumaron para dar una experiencia inquietante a los diez que se cayeron al agua. Pero Dios fue fiel: todos salimos indemnes de eso.

Estar en paz en el torbellino

Al viajar por el camino de la vida tienen que ocurrirnos accidentes en alguna parte de nuestro viaje. Las circunstancias apropiadas, los factores apropiados, los ingredientes correctos, la gente precisa en el momento preciso y en el lugar preciso pueden ser una bendición o pueden significar un desastre.

¿Qué te sucede a ti? Los golpes que hoy encaras, ¿son como nuestro viaje en balsa? Empezaste a pasarlo bien pero, súbitamente, se puso horrible. Tú tenías intenciones de que pasara algo bueno, pero las cosas no salieron a tu idea. Todo pasa tan rápido, ¿no?

Cuando los accidentes se entrometen en nuestros planes, resulta crucial que nos acordemos de que Dios aún está en el trono. Él vive. Él se interesa por las situaciones de la vida real en que nos encontramos, tanto en los desastres grandes como en los menores.

Puede que hayas tenido una tragedia triple o un simple topetazo en el parachoques. Sin embargo, aún sigues sangrando emocionalmente por eso y te preguntas si alguna vez te recobrarás. La palabra de Dios insiste en que sí. ¿Por qué no dar al Señor la oportunidad de obrar en tu vida para producir la curación?

Permite que te sugiera que ores por ello ahora mismo. Dale al Señor la oportunidad de vendar tus heridas. Pon en su lugar el tratamiento correcto para tu vida y deja que empiece la mejoría.

Accidentes en el camino

Amado Padre celestial, por favor ayúdame a confiar en ti en este proceso de vendar mi herida. Señor, aconséjame con tu Palabra y háblame a través de las Escrituras. Venda mi corazón con tu amor y perdón. Te pido que te encargues de mi situación y empieces ahora el proceso de curación en mí. Padre, yo no entiendo todo lo que vas a hacer para cubrir mi dolor y herida abiertos, pero voy a confiar en ti. En el nombre de Jesús. Amén.

4

Conflictos en la familia

El toque tierno de Dios

Hace años supe de una pareja sueca que celebraba el aniversario de sus cincuenta años de matrimonio. Cuando terminaron los festejos, la señora se volvió a su esposo y dijo:

Sven, llevo cincuenta años siendo desgraciada. Hemos peleado todos los días. Hemos estado en desacuerdo en casi todo y estoy convencida de que no podemos seguir así. Yo me comprometí a orar por que Dios nos ayude a resolver este problema. Estoy rogando que Él se lleve a uno de nosotros. Cuando Él conteste mi oración, yo me iré a vivir con mi hermana en Gothenburg.

Un psicólogo de familias me dijo una vez que porque un matrimonio lleve treinta o cuarenta o cincuenta años de casados, no significa que sea un buen matrimonio. Su comentario me sorprendió al comienzo, pero luego empecé a entender su razonamiento. Muchos años no garantizan un matrimonio feliz. La mayoría de nosotros sabemos de matrimonios que dicen que sólo siguen juntos hasta que los hijos crezcan. Ahora esa clase de compromiso está desapareciendo. En tiempos pasados el matrimonio era sinónimo de familia. En el mundo actual de ritmo veloz el matrimonio parece ser, por igual, sinónimo de divorcio.

El divorcio en los Estados Unidos

En 1976 se emitieron poco más de dos millones cien mil certificados de matrimonios en los Estados Unidos de Norteamérica, y se otorgaron casi un millón cien mil divorcios[1] ¡Una proporción de un divorcio cada dos matrimonios! La Oficina del Censo de este país da las siguientes cifras[2]:

En 1920 hubo un divorcio cada siete matrimonios.
En 1940 hubo un divorcio cada seis matrimonios.
En 1960 hubo un divorcio cada cuatro matrimonios.
En 1972 hubo un divorcio cada tres matrimonios.

En 1991 la ciudad de Tampa, en la Florida, fue el primer lugar en los Estados Unidos donde se podía conseguir el divorcio sin bajarse del automóvil; los divorcios servidos como comida rápida se han vuelto una realidad.

El divorcio domina en nuestra sociedad. El otro día escuché una estadística que decía que sólo el treinta y cinco por ciento de los niños norteamericanos viven en un hogar con ambos progenitores.

Desdichadamente el divorcio se ha vuelto tan aceptable que, según el libro *The Frog in the Kettle* [La rana en la olla], del autor George Barna, "en el año 2.000 los norteamericanos

---

1. *A Judge of the Court of Common Pleas*, U.S. Census Bureau, Toledo, OH; tomado de Bible Illustrator, Parsons Technology, Inc., 1990-91; usado con autorización.
2. Ibid.

por lo general creerán que pasarse la vida con el mismo cónyuge es desacostumbrado a la vez que innecesario".[3]

Evaluemos el daño

Al acercarnos al final del siglo veinte, podemos evaluar el daño hecho a las familias norteamericanas en los últimos treinta años. La explosión del divorcio y del volver a casarse se ve en todas partes. Las cifras son devastadoras. Lea esta carta dirigida a la columnista Ann Landers, junto con su respuesta:

> Querida Ann Landers:
>
> Hace diez años abandoné a mi esposa y cuatro hijos adolescentes para casarme con mi secretaria, con la que tenía una aventura. Sentía que no podía vivir sin ella. Cuando mi esposa lo supo, quedó destrozada.
>
> Nos divorciamos. Mi esposa se puso a trabajar y le fue muy bien con la educación de los muchachos. Yo le di la casa y una parte de mi fondo de pensiones.
>
> Estoy bastante contento con mi segundo matrimonio, pero estoy comenzando a ver las cosas bajo una luz diferente. Me impresioné cuando fui invitado a la boda de mi hijo mayor. Un invitado: eso era todo lo que yo era. Ya no soy considerado parte de la familia. Mi primera esposa conocía a todos los presentes, que le dieron muchas muestras de cariño.
>
> Ella se volvió a casar y su esposo fue aceptado en el círculo de amistades que, otrora, fuera el nuestro. Ellos ofrecieron la cena del ensayo de la ceremonia y se sentaron al lado de mis hijos y sus novias.
>
> Yo me sentí orgulloso de tener una esposa bonita y joven a mi lado, pero eso no compensó la pena que sentí cuando me di cuenta de que mis hijos ya no me quieren.

---

3. George Barna, *The Frog in the Kettle* (Ventura, Ca: Regal Books, 1990), p. 71.

Ellos me trataron cortésmente pero sin afecto ni real interés.
Echo de menos a mis hijos, especialmente en las vacaciones. Voy a tratar de tender puentes, pero las perspectivas no son muy promisorias después de haber estado diez años fuera de sus vidas. Va a ser difícil volver a entrar, ahora que ellos tienen un padrastro al que quieren.

Le escribo esperando que otras personas consideren las consecuencias antes de dar el salto.

Firma: Segundo Pensamiento, Pennsylvania.

Querido Segundo Pensamiento:

Yo podría dedicar el resto de esta columna a reflexionar en aquello de "sembrar y cosechar", pero no sería un propósito útil. Estoy segura de que usted también sabe que un padre no puede desaparecer durante diez años y esperar que sus hijos le den la bienvenida con los brazos abiertos cuando reaparezca. Lo lamento señor, su esposa se ganó el respeto y afecto de ellos y lo que sobra es para el hombre que ahora hace feliz a la madre de ellos.[4]

Este cuento triste de penas y remordimientos podría repetirse millones de veces. Los hombres y las mujeres vuelven a considerar su decisión de abandonar a sus familias y la juzgan errónea pero, a menudo, ya es demasiado tarde. La pena y la agonía del divorcio sigue repitiéndose, especialmente para los hijos de divorciados.

Existe un estudio que demuestra que los hijos tienen más probabilidades de sufrir depresiones cuando crecen si sus padres se divorcian, que si se muere uno de ellos.

---

4. Ann Landers, Syndicated Column, 1988; tomado de Bible Illustrator, Parsons Technology, Inc., 1990-91. Usado con autorización.

Nuestra iglesia tiene un centro preescolar, una escuela primaria y una secundaria. Nuestros empleados suelen trascender los deberes del aula al intervenir en situaciones familiares difíciles. De cerca se ve que los hijos de padres divorciados tienen una pena muy, pero muy profunda. Una de nuestras maestras de educación especial asiste a los alumnos que necesitan un toquecito extra de Jesús, ese tierno toque de Dios que puede ayudarles a aprender con más facilidad.

Hace poco un pastor compartió conmigo la siguiente carta, que recibió de un alumno con problemas de aprendizaje y que confía a su profesora algunas vivencias que rompen el corazón:

Querida señora Carroll:

Mi mamá y mi papá hestan consiguiendo el Diborsio. Pero yo cigo bien todavía. Estoy tratando de Mejorarme. Cuesta mucho mejorar un corason roto. Hasí que estoi tratando de segir con la frente halta.

Cariños, Layne

Las tragedias de la vida real como éstas pueden romperte el corazón, pero la tragedia más grande es que nos olvidamos de lo que dijo el profeta Malaquías hace tantos siglos: Porque Jehová Dios de Israel ha dicho que él aborrece el repudio, y al que cubre de iniquidad su vestido, dijo Jehová de los ejércitos. Guardaos, pues, en vuestro espíritu, y no seáis desleales (2:16).

Este pasaje bíblico ha sido ignorado hasta en la propia iglesia. Hemos desechado el consejo sabio, como el siguiente de James Dobson, el conocido psicólogo de familias, que dice que no debemos "permitir que la posibilidad del divorcio entre [en nuestro] pensamiento: el divorcio no es la solución.

Simplemente reemplaza con un nuevo juego de desgracias a las dejadas atrás."[5]

Bíblicamente hablando, el divorcio es un error. Dios lo odia. Sin embargo, siendo los humanos débiles y falibles, tropezamos con eso en proporciones siempre crecientes. ¿Hay, entonces, algo que hacer cuando estamos frente al terrible dolor del divorcio? ¿Hay sanidad disponible?

El amor todo lo puede sanar

Un vendedor llamó a su esposa desde un teléfono público de una ciudad lejana, terminó la conversación, dijo adiós y colgó el teléfono. Mientras iba alejándose, sonó el teléfono. Él volvió y lo contestó, esperando que le dijeran que tenía que depositar más monedas, pero la operadora dijo: "Pensé que le gustaría saber que justo después de que usted colgó, su esposa dijo: 'yo te amo'."

No hay nada como esas tres palabras. "Yo te amo". ¿Cierto? Comprendí que el amor puede sanarlo todo. Así también lo creyó el apóstol Pedro, cuando escribió que "el amor cubrirá multitud de pecados" (1 Pedro 4:8).

El amor es la fuerza más poderosa de la tierra. No sólo es la clave para mantener vivo a un matrimonio, sino también la clave para que Dios sane nuestras heridas. Muchos más debiéramos nutrirnos del amor de Dios; es gratis, satisfactorio y está disponible para todos. Es ese amor poderoso que puede sanar y sana los matrimonios. Yo lo sé; sanó el mío.

¿Un holgazán playero neurocirujano?

Sandy y yo nos conocimos en la Semana Santa de 1966. Ambos teníamos veintidós años. Fue en la fiesta del cum-

---

5. James Dobson, The Marriage Killers, Focus on the Family, Feb. 1993, pág. 7.

pleaños veintidós de Sandy (a la cual me invité yo mismo) donde realmente empezamos a conocernos. Ella se había graduado del exclusivo preuniversitario para Niñas Stephens, de Columbia, Missouri, y estaba terminando sus estudios en la Universidad Estatal Fullerton de California. Su padre era el presidente de una gran empresa internacional y su madre era la hija de un ex ministro de Agricultura del estado de Dakota del Norte.

¿Y yo? Un estudiante de medicina del Centro Médico de la Universidad de Oregon, terminando los estudios. Yo iba a ser un neurocirujano. Por lo menos eso era lo que yo decía.

En realidad, yo era un vagabundo de la playa, sin trabajo, dedicado al deporte de la tabla marina y al bronceado, saltando de fiesta playera en fiesta playera, viviendo del subsidio para el desempleo y del poco dinero que recibía del reciclaje de botellas de refrescos vacías.

Sin embargo, tres semanas después de la fiesta de Sandy me hallé en un automóvil con esta sofisticada belleza rubia, de piernas largas, de buenos modales y bien criada, camino a Las Vegas, donde nos casamos. Increíble, dirás. Exactamente; así es como yo también me sentía.

Los familiares de Sandy se impresionaron con nuestro súbito matrimonio, pero fueron muy generosos con nosotros. Nos compraron una casa y nos dieron un automóvil; todas las comodidades de la clase media de los Estados Unidos, de las cuales nunca había disfrutado. Sin embargo, este nuevo estilo de vida cargó con un monto enorme de presión a mi "espíritu libre", y pronto comencé a descarriarme. Difícilmente pasaba un día en que yo no estuviera borracho, drogado o, de lo contrario, desgraciado.

Llegó el momento en que Sandy se hartó de mí. Ella sabía que yo estaba chiflado y juzgó que lo mejor era salirse de una mala situación. Ella me amaba mucho y siempre quería "arreglarme", pero finalmente se rindió. Había quedado claro que yo traía demasiada carga desde mi infancia y demasiada culpa desde mi adolescencia como para ser redimido. Ya teníamos una hija, Mindi (que hoy es tan bella que corta la respiración, como cuando era niñita), y Sandy estaba embarazada de nuestro segundo hijo; pero antes de que naciera David, ella se divorció de mí, por ella misma y por el futuro de nuestros hijos. Ella tenía toda la razón del mundo para hacerlo. Yo era inmaduro, un loco de remate en lo emocional, incapaz de aceptar responsabilidad y estaba perdido.

Sin embargo, tiempo después pasó algo totalmente inesperado. Yo conocí a Jesucristo. Teniendo a Jesús en mi corazón, Dios me curó de la fealdad de mi pecado y me dio la segunda oportunidad de la vida.

Cuando Sandy vio el cambio que me sobrevino, supo que había algo diferente; sólo que no sabía qué era. Michael, su ex marido, parecía ser un hombre diferente. *Algo* le había pasado. ¿Qué era?

Como yo quería que Sandy entendiera a "mi nuevo yo", la invité a ir a un servicio de bautizo en el océano Pacífico, oficiado por el pastor Chuck Smith. El pastor Chuck iba a bautizar a dos mil personas esa noche en la Caleta del Pirata, en Corona del Mar, un sector residencial playero de California. Cuando él estaba hablando, Sandy se sintió culpable de pecado y dio su corazón a Jesús. Ella nació de nuevo esa noche y fue bautizada, y su vida empezó a cambiar tan drásticamente como la mía. Ambos empezamos a ir a los estudios bíblicos que el pastor Chuck hacía en la iglesia. Nuestras vidas fueron transformadas al ir escuchando la Palabra en las mañanas de domingo, las noches de los domingos, las noches de los lunes y las noches de los jueves.

Por último, luego de casi tres años de divorcio, Dios nos reunió, por gracia, en matrimonio. ¡Verdaderamente Dios fue el sanador!

Nuestro matrimonio siguió creciendo después de todos estos años. Fuimos bendecidos con Mindi, David, Megan, Jonathan y Phillip. Cada uno de ellos ha sido un gozo especial para nosotros. Los amamos a cada uno por su propia individualidad y por la persona especial que cada uno es. No podemos agradecer a Dios en forma suficiente por sanar nuestro matrimonio roto y darnos una segunda oportunidad.

Amo las palabras del rey Salomón en el Salmo 128: Bienaventurado todo aquel que teme a Jehová, que anda en sus caminos. Cuando comieres el trabajo de tus manos, bienaventurado serás, y te irá bien. Tu mujer será como vid que lleva fruto a los lados de tu casa; tus hijos como plantas de olivo alrededor de tu mesa. He aquí que así será bendecido el hombre que teme a Jehová.

¡Cuánta razón tenía Salomón tocante a mi familia!

Demasiado para ti, no para Él

Sí, Dios sabe cómo sanar nuestras heridas. Si tus heridas comprenden una mala situación familiar o un matrimonio malo, entonces deja que Dios te sane. Al contrario de nosotros, Él hace muy buen trabajo con eso. Los problemas que puedes estar pasando en tu matrimonio son demasiados para que tú los manejes, pero son fáciles para el Señor.

Puede que hoy te halles precisamente en medio de una época desgraciada en tu matrimonio. Puede que hasta te interrogues si te casaste con la persona apropiada. Te preguntas: *¿Irá a funcionar este matrimonio?*

Cuando Ronald Reagan se presentó como candidato a presidente de los Estados Unidos, eligió a George Bush como compañero de fórmula. Barbara Bush, esposa de George, contó que le habían dicho que como ella y su esposo eran del signo de Géminis, "probablemente nunca hubiéramos debido casarnos". Ella hizo una pausa y, luego, guiñando un ojo, dijo que ella "no sabía ahora qué hacer al respecto, después de cuarenta y tres años".

Puede que sea muy difícil para ti tratar de seguir adelante por otro año más, pero dale una oportunidad a Jesús. Él hizo su primer milagro en una fiesta de bodas. Todavía puede hacer un milagro para ti. El matrimonio es un milagro en sí mismo.

Una vez Jesús les dijo a sus discípulos que podrían mover montañas con la fe del tamaño de un grano de mostaza. Puede que hayan pasado años desde que ejerciste alguna fe, pero hoy sería un momento adecuado para poner a trabajar a tu fe y confiar en Dios para que cambie tu matrimonio. Deja que el tierno toque de Dios pare el sangramiento entre tú y tu cónyuge.

Quizá no estés pasando por problemas matrimoniales; tu matrimonio ya se derrumbó. Si estás terriblemente herido por un divorcio horrible, Dios puede traer su toque sanador aun ahí, si lo dejas. ¿Tu dolor es causado por el divorcio de tus padres cuando todavía eras muy joven? De ser así, por favor, créeme: el tierno toque de Dios también puede sanar tu herida.

Sin que importe lo que haya sucedido en tu matrimonio o familia, puedes hallar tremenda esperanza en Dios. Él puede llevar las vidas de ustedes a su cruz y hacerlos gente nueva. Sandy y yo somos una prueba viviente de que Dios puede reconstruir lo que el hombre destruye. Puede que estés como ese hombre que le escribió a Ann Landers, lleno de remordimientos y culpa. Pero entérate de esto, amigo, el tierno toque de Dios puede parar hasta este sangramiento de tu vida. No hay una herida tan inmensa que esté más allá de su toque sanador. Ni siquiera las heridas profundas que el abuso o la negligencia infligen a los niños.

Hijos de hogares abusadores

Como presidente del ministerio Youth Development International siempre me intereso por los niños. El ministerio tiene una línea telefónica de crisis, cuyo número es 1-800-Hit Home. En 1995 recibimos unas cuatrocientas mil llamadas de muchachos de dieciocho años y menores.

Estos chicos nos dicen que el hogar norteamericano está mal. Muchos de ellos han sido gravemente maltratados. Sabemos que si no se ayuda a estas víctimas, probablemente continúen el horrible ciclo de dolor y heridas. Algunos estudios dicen que tanto como el setenta por ciento de los padres abusadores fueron víctimas de abuso ellos mismos cuando eran niños. Según el Fondo de Defensa Infantil, *cada veinticuatro horas* en los Estados Unidos:

- 437 adolescentes son arrestados por manejar borrachos.
- 1.206 se hacen abortos.
- 1.365 adolescentes solteras dan a luz.
- 1.512 adolescentes abandonan la escuela.
- 3.288 adolescentes se van de la casa.
- 135.000 adolescentes llevan armas de fuego a la escuela.[6]

Las ramificaciones de estas heridas alcanzan a la generación venidera. Si nuestro gobierno fuera astuto se daría cuenta de que no vamos a quebrar como nación por no tener dinero actualmente; nuestra nación va quebrar mañana porque nuestros hijos están arruinados: en la moral, las finanzas y las relaciones. Nunca se les ha enseñado el valor del patriotismo o la importancia de la vida humana. *Debe estar bien matar a otro chico en la calle*, piensan, *porque está bien matar a un bebé nonato en el útero.*

Nuestros chicos llevan el impacto de la devastación causada por las quiebras familiares, pero los adolescentes pueden equivocarse hasta en las familias más sanas, y ser heridos. Personalmente también conozco esta clase de dolor.

Caerse del muro

Recuerdo una antigua poesía infantil de la mamá gansa que decía así:

> Humpty Dumpty se sentó en el muro
> Humpty Dumpty tuvo una tremenda caída
> Todos los caballos del rey

---

6. *The State of America's Children Yearbook 1994*, The Children's Defense Fund, Washington, D.C., 1994, págs. 73-99.

Y todos los hombres del rey
No pudieron volver
A armar otra vez a Humpty Dumpty.

Yo agradezco que todos mis hijos tengan la gracia, la elegancia, los modales y la compostura de Sandy. Desdichadamente también recibieron algo de mi impaciencia, de mi mente frenética y de mi humor limítrofe. Ninguno de ellos es más parecido a mí que nuestra hermosa hija Megan. Sandy titula "Caerse del muro" a esta historia. Yo la llamo, "Gracias a Dios". Megan dice que es un milagro, un ejemplo clásico de la manera en que el dolor puede ser usado para cambiar nuestras vidas y acercarnos a Dios.

Megan es doña Agrado. Cuando era pequeña uno hubiera pensado que era la reemplazante de Shirley Temple. Cuando *Anita* resultó ser todo un éxito de taquilla, Megan se consiguió un vestido rojo y una peluca roja, como Anita, y andaba por la casa cantando a todo pulmón: "Mañana, mañana, te amo, mañana." Creo que fue con la peluca a la escuela durante cinco días seguidos, junto con el brillante vestido rojo y el cinturón blanco en torno a su cinturita.

Un día la sorprendí. Le dije a Megan que había una amiga esperándola arriba, en la sala de juegos. Ella no tenía idea de a quién iba a encontrar allá, pero se entusiasmó por saber. Luego de unos momentos hubo un fuerte grito y yo supe que se habían conocido.

Sin embargo, la amiga no era de carne y hueso. Era una figura de cartón de tamaño natural de Anita, que por veinte dólares traje de la tienda de videos. Durante un segundo o dos Megan pensó que la Anita real estaba ahí. Ella siempre fue muy vivaz, con la energía de tres o cuatro niñas de su edad.

Megan fue bendecida con belleza, talento, encanto e ingenio. Pero, como la mayoría de nosotros, descubrió que los puntos fuertes personales pueden llegar a ser grandes debilidades.

Megan se descarrió del Señor durante sus años de adolescente. La primera caída grande ocurrió cuando tenía dieciocho y asistía al colegio en Nashville, Tennessee. Nunca olvidaré cómo supe la noticia.

Yo iba volando a Toronto, Canadá, para juntarme con Larry Backlund y el equipo de la Escuela de Evangelismo Billy Graham. Me fui en avión por mi cuenta porque tenía varios compromisos de conferencias en el camino. Llamé a Sandy desde un pequeño aeropuerto de Michigan mientras llenaban de combustible el avión. Ella preguntó: "¿Estás sentado o parado?"

"Parado", dije.

"Mejor te sientas", me instruyó.

"¿Se murió alguno de la familia?"

"No, pero mejor te sientas."

"Oye, sabes que nada puede derribarme. Ya lo he oído todo. ¿Qué pasa?"

"*¡Megan se casó!*"

Se me fue el aire. Me caí contra la pared con tanto ruido que el otro pasajero que estaba en el aeropuerto se dio vuelta para ver qué fue el ruido. Lo miré y le dije: "Mi niñita se fugó con un amante." Sandy empezó a hablar otra vez, pero yo no podía soportarlo. Le dije: "Ahora no puedo hablar. Te llamaré después." Cinco minutos después la llamé de vuelta y le dije: "¿Acabo de llamarte y me dijiste que Megan se casó?" Cuando confirmó que eso era cierto, dije: "Espérame un poco, te llamaré del hotel esta noche."

Era un guiñapo cuando me paré a hablar en mi primera sesión en Toronto. Le conté al público que mi niña, mi Anita, se había fugado y se había casado con un amigo de la Universidad. Cuando terminó la sesión, una señora se me acercó, la esposa de uno de los ministros, me rodeó con sus brazos y me dio el abrazo más grande del mundo, diciendo: "Este es un abrazo de parte de tu esposa, que no pudo estar aquí contigo en este momento." Su esposo me miró y dijo: "Mike, todo va a salir bien. Nuestra hija hizo lo mismo. Sobrevivirás y ella también."

Pero no todo salió bien. El matrimonio fue un desastre y, dos años después, Megan y su marido se divorciaron.

Sandy y yo oramos a diario por Megan, rogando que fuera feliz y tuviera paz consigo misma y con Jesús. Después que volvió a San Diego, el trabajo de Megan la trasladó lejos de nosotros, a Scottsdale, Arizona. Ella estaba madurando como mujer en su nuevo puesto de gerente, y los hombres solteros la encontraban muy atractiva. La libertad que encontró al estar a solas consigo misma en una ciudad del desierto con una creciente movilidad social, le encantó. Como siempre se hizo de amistades rápidamente, y también empezó a vivir por la vía rápida.

Una noche fue a una fiesta con un amigo y bebieron demasiado. Un amigo en quien ella confiaba y al que ella quería la llevó a la casa pero, como él también había estado bebiendo, eso fue una mala idea. De forma accidental dejó caer a Megan y la caída le destrozó literalmente la cara.

Ella estaba inconsciente cuando llegó la ambulancia. El golpe le rompió un diente delantero, le quebró la nariz y le hizo magulladuras enormes en su cara. No era algo lindo de contemplar.

Cuando Megan se despertó en la sala de Emergencias de un hospital de la localidad, no estaba segura de saber dónde estaba. El médico usó sales para despertarla. Habían estado trabajando en la parte superior de su boca, tratando desesperadamente de salvarle el diente delantero.

Su amigo había llamado a sus padres para que vinieran y le ayudaran a pasar esta noche horrible. Él había sido criado en una familia cristiana muy firme, con abuelos que fueron misioneros en la India y un padre que estaba muy apegado al ministerio cristiano. La primera cara que ella reconoció fue la de la madre de su amigo. Sus primeras palabras fueron una pregunta: "¿Me odia?" Megan estaba más preocupada por lo que los demás pensaban de ella que por su propio estado. Esta gente maravillosa llevó cariñosamente a Megan a su casa y dedicaron muchas horas a ayudarle a recuperarse.

Respondiendo a mucho llanto y oraciones, Dios empezó a hacer una obra fresca y nueva en mi hija. Megan y su amigo, ambos criados en el conocimiento de Dios, habían estado llevando vidas mundanas, tratando de encontrar otros caminos y medios para obtener felicidad. Pero, en palabras de ellos mismos: "Dios usó el dolor emocional y físico del accidente para despertarnos y hacernos caer del muro."

Estos dos hijos pródigos aprendieron una tremenda lección permanente. El dolor de ellos fue un alerta para despertarlos y hacerlos caer del muro y ponerlos a bien con Dios.

Ellos supieron que Dios usó este suceso trágico, como si el Señor los hubiera empujado del muro, para acercarlos más a Él, acercarlos más a sus familias y más uno al otro.

Puede que todos los caballos del rey y todos los hombres del rey no haya sido capaces de volver a armar a Humpty Dumpty, pero el Señor fue capaz de volver a armar a Megan y su amigo.

¿Recuerdas ese pasaje bíblico de Oseas 6 que vimos antes? Él ha desgarrado, Él ha golpeado, pero Él sanará y vendará. Pienso que la historia de mi hija encaja en ese versículo. Dios usó algo doloroso para producir algo bueno. Megan y su amigo hicieron el compromiso de dejar de beber alcohol, de pasar más tiempo en ambientes cristianos, de cambiar sus estilos de vida y de glorificar a Dios con sus acciones.

Ahora es el momento

Amigo mío, Dios quiere sanarte, cualquiera que sea el dolor que estés soportando por un matrimonio malo, un divorcio horrible, un hijo pródigo o algún otro trauma familiar. Quizá tu dolor sea muy viejo y creciste confuso y con el corazón roto y nunca encontraste sanidad para esta herida profunda. Cualquiera que sea el dolor y el tiempo en que haya ocurrido, en este momento puedes orar y pedirle a Jesucristo que empiece a vendar la herida y curar el dolor de tu vida. Puedes optar por vivir en tu pasado y ser desgraciado o puedes ir a Dios y ser sanado. En este mismo minuto puedes orar que Dios te ayude.

Amado Dios, por favor, toca mi corazón y sánalo del dolor. Mi situación familiar te necesita desesperadamente. Ven en este mismo día, amado Espíritu Santo, y lléname de esperanza. Yo voy a ti, Jesús, y te pido que me perdones por mi enojo y rencor. Dame amor por esas personas que una vez quise. Por favor, Padre celestial, escucha hoy mi oración y obra por nuestra familia. En el nombre de Jesús. Amén.

Dios es el gran Sanador. Él quiere darte hoy su tierno toque; entonces, ¿por qué no dejarlo hacer?

5

El síndrome del señor Dillon

El toque tierno de Dios

El mundo está repleto de personas que no quieren mejorar. No quieren ser sanadas ni bien hechas. De su herida obtienen su identidad y, a veces, su valor propio. Le llamo a eso "el síndrome del señor Dillon".

Uno de los primeros programas de televisión fue también mi preferido en mis años de infancia. Me encantaba "Humo de revólver". Cada semana el comisario Matt Dillon (encarnado por el actor James Arness) solucionaba todos los problemas de su pueblo. Dennis Weaver era Chester, el ayudante del comisario Dillon. Su personaje tenía una pierna mala y no podía correr ni caminar sin arrastrar esa pierna tras él.

Invariablemente cada programa tenía por lo menos una escena en que Chester entraba cojeando al salón donde la señorita Kitty solía estar conversando con el comisario. Aquí era donde por lo habitual venía mi renglón favorito: "¡Señor Dillon!, ¡señor Dillon!", gritaba, arrastrando su pierna inválida.

Mientras Chester fue parte de la serie, nunca dejó que le curaran esa pierna paralizada. Aún seguía gritando: "¡Señor Dillon!, ¡señor Dillon!", cuando se puso el sol en el Oeste por última vez.

El señor Dillon sigue vivo

Hace mucho que Chester y "Humo de Revólver" desaparecieron de las ondas televisivas del mejor tiempo de la nación, pero hay miles, quizá millones de personas que aún gustan de ser reconocidas por "su pierna mala" (cualquier cosa que ésta sea). Uno puede verlos cojeando por las puertas de la vida y gritando: "¡Señor Dillon!, ¡señor Dillon!".

Cuando aconsejo a personas que luchan con los mismos problemas sobre los cuales el Señor me ha dado victoria, veo la tendencia en ellos a no creer que pueden mejorar. Piensan que es mucho más seguro seguir viviendo con esta herida paralizante que soltarla y ser curado. Me recuerda un cuento folclórico de las montañas Ozark, de Arkansas, que dice como sigue:

Un hombre fue a ver a un vecino al cual encontró meciéndose en el porche delantero. Mientras los dos hombres conversaban, les molestaba el perro del dueño de la casa que se quejaba y gemía continuamente. Por último, la visita preguntó: "¿Qué le pasa a su perro?" "Bueno", respondió el hombre, "el pobre perro viejo está tratando de dormir, pero está echado arriba de un clavo. Le duele bastante como para no poder dormirse, pero no lo suficiente para pararse y moverse."

Muy a menudo somos como ese perro viejo. Nos quejamos y gemimos por nuestros matrimonios, nuestras dietas, nuestros trabajos, etc., pero no parece que nos duela lo suficiente para ponernos a hacer algo en serio y mejorar nuestra situación. Nuestro dolor continuo es el fruto de negarse a hacer algo de inmediato para parar la sangre.

La gran tapadera

Una de las maneras más corrientes en que fallamos en relación con nuestras heridas es tratando de taparlas. Al hacerlo así seguimos, sin saberlo, la pauta establecida por Adán y Eva en el huerto de Edén. Cuando Adán y Eva pecaron contra Dios se taparon inmediatamente su desnudez con hojas de higuera. Luego se escondieron de Él. Cuando Dios vino a buscarlos, llamando: "Adán, ¿dónde estás?" Adán y Eva se presentaron ante Él a confesar que habían desobedecido su palabra y habían tapado su desnudez.

Supongo que Adán y Eva se mimetizaban muy bien con su ambiente, camuflados como estaban con esas hojas de higuera. Pero su tapadizo nada hizo para sanar su dolor; sólo lo empeoró.

¡Cuánto dibuja esto el retrato de las maneras con que frecuentemente tratamos de tapar nuestras heridas en vez de tratarlas! Pero tapar la herida nada hace por sanarla. Debemos parar la sangre y vendar la herida; de lo contrario perderemos el gozo de vivir o hasta la misma vida.

Pienso en Vince Foster, amigo de toda la vida del actual presidente Bill Clinton. Un artículo decía que la amistad de ellos se remontaba a la época del jardín infantil. Foster fue nombrado en un puesto de mucho poder como consejero especial del Presidente de los Estados Unidos, pero un día lo encontraron muerto, víctima de un suicidio.

No existe una idea clara del por qué Vince Foster se suicidó. Algunos creen que sabía de negocios clandestinos que hubo cuando el señor Clinton era gobernador del estado de Arkansas, pero la verdad subyacente a su suicidio parece haberse ido a la tumba junto con él.

¿Qué pudo haber sido tan terrible en la vida de Foster que la muerte se volvió una respuesta mejor que la vida? ¿Puede que algunas "vacas sagradas" hayan alzado cabeza? ¿Parecieron insuperables sus problemas? Qué trágico resulta cuando la gente pierde de vista el enfoque bíblico de la vida.

Si optamos por tapar nuestras heridas y no tratarlas, muy pronto estaremos preguntándonos por qué estamos llevando vidas tan superficiales. Nos volveremos como los actores del teatro shakesperiano que usaban una máscara de risa sobre sus caras para cubrir los ceños fruncidos que expresaban sus sentimientos reales.

Buscando en todas las partes equivocadas

Tapar nuestra herida no es la única forma de perder la alegría de vivir. Una manera igual de efectiva para deformar nuestra personalidad es buscar intensamente la felicidad sin siquiera buscar al Creador de la felicidad. ¿Te acuerdas de Eric Hoffer, ese sencillo estibador de California? Su filosofía era simple y bien aterrizada. Una de sus citas es bien válida para muchos: "La búsqueda de la felicidad es una de las principales fuentes de infelicidad."[1]

La cantante Madonna cantaba su "niña material". Robert Tilton predicaba su mensaje de "la semilla de fe de mil dólares". Muchos vendedores de la televisión propalan sus videos y casetes prometiéndonos cuerpos nuevos, estómagos lisos, encerados a pruebas de rayas para nuestros automóviles, habilidad para leer velozmente, un vocabulario más grande, la habilidad de aprender un idioma en treinta días, y si uno no puede permitirse eso, entonces se compra la música de "antiguos pero buenos", para evocar esos dorados recuerdos del ayer.

Los que tenemos problemas de caída del pelo podemos ver que el asunto ha sido tratado en la televisión. Se nos promete que hallaremos la felicidad teniendo más pelo. Todo lo que tenemos que hacer es comprar un frasco de laca especial para el pelo y pintarnos la cabeza. ¡Listo, y ahí está!

---

1. Eric Hoffer, *The Passionate State of Mind*, New York, Harper, 1955, pág. 151.

Luciremos de diez a veinte años más jóvenes, y seremos realmente felices.

¿Te puedes imaginar eso? ¡Qué crédulos nos hemos puesto! La gente de los negocios invierte miles de dólares en las producciones de televisión y en contratar espacios para decirle a la gente que se está poniendo calva: "La felicidad está en este envase." Así, pues, hacemos el pedido por la línea telefónica gratis, le damos al comerciante televisivo el número de nuestra tarjeta de crédito y esperamos de cuatro a seis semanas para que llegue nuestro nuevo artículo de felicidad. Cuando por fin llega, a menudo nos habíamos olvidado de haberlo pedido. La calidad es mala y amenazamos con devolverlo, pero no lo hacemos. Nos decimos: "¿Para qué? Estoy demasiado ocupado y, de todos modos, será mucha molestia." Nuestros garajes se llenan con "aparatitos de la felicidad". Somos la primera generación que tiene tantos bienes materiales, dispositivos, juguetes y cosas por el estilo, que hemos permitido que toda una industria crezca en torno de nuestras compras impulsivas.

Tenemos tanto exceso (la mayor parte a crédito) que nuestros armarios no pueden guardarlo. Así que los ponemos en el garaje. Nuestro garaje se abarrota tanto que entonces vamos a las bodegas para pagarle a alguien para que no sólo almacene, sino que también lo asegure bajo llave, con alambres de púa encima de las rejas. El negocio del almacenaje en realidad ha florecido desde que florecieron los de la generación de la postguerra. Parece que lo nombraron muy bien, ¿no es cierto?: "*Auto*-almacén".

Los Beatles cantaban: "Ayer; todos mis problemas parecen tan lejanos. Ahora parece como que están aquí para quedarse; oh, yo creo en el ayer." Eric Hoffer lo dijo muy bien, ¿no?: "La búsqueda de la felicidad es una de las principales fuentes de infelicidad" Sino, pregúntale a O. J. Simpson.

Este ex grande de la NFL (una de las asociaciones deportivas norteamericanas de mayor importancia) convirtió su pericia atlética en un éxito tremendo, tanto en el campo de juego como afuera; pero aunque parecía feliz y contento, lee con cuidado estas palabras que salieron de una entrevista en la revista *People*, del 12 de junio de 1978. Esto ocurría dieciséis años *antes* de que el fiscal del distrito de Los Angeles mandara a apresar a O.J. por los asesinatos de su segunda esposa, Nicole Brown Simpson, y del amigo de ésta, Ron Goldman:

> Me siento en mi casa en Buffalo y, a veces, estoy tan solo que es increíble. La vida ha sido tan buena conmigo. Tengo una esposa estupenda, buenos hijos, dinero, buena salud; y estoy solo y aburrido. A menudo me he preguntado por qué tanta gente rica se suicida. El dinero no es ciertamente el curalotodo[2]

Pienso en las palabras que me dijo un masajista que estaba tratando mi espalda dolorida: "Tristes son las cárceles que la gente se edifica para sí misma. Juntan su dolor en la tensión de sus cuellos. Optan por vivir en estas cárceles autoconstruidas, en lugar de encarar el dolor."

No seas uno de ellos. No optes por el síndrome del señor Dillon. Enfrenta directamente tus problemas y la primera forma de hacerlo es evaluando el daño.

Evaluemos el daño

En mi calidad de capellán de varias unidades de la policía de San Diego, a menudo salgo con los agentes a patrullar. Cuando he estado en la escena de un accidente o de un tiroteo he notado que el equipo de paramédicos evalúa primero el daño. Entonces, a partir de esta evaluación, esa gente talentosa empieza el proceso de "estancar la hemorragia" y vendar las heridas de modo que la persona lesionada pueda ser transportada al hospital.

---

2. "Surfs Up for a Rejuvenated OJ", revista *People*, junio 12 de 1978, págs. 44-45.

En la misma forma una de las primeras cosas que tenemos que hacer para tratar nuestras propias heridas es evaluar la situación. Me pregunto: ¿realmente evaluaste tu situación? Quizá sea tiempo de sentarte un rato y dejar que salgan a la superficie las cosas que te duelen. Tómate un tiempo para evaluar y valorar tu situación. Piensa que es un tiempo para hacer control de averías, un tiempo para estancar la hemorragia.

¡No pierdas la alegría de vivir! Hay esperanza y vas a mejorarte.

Leí de un pastor que, durante el servicio de adoración dominical, reservó un momento para que todos se saludaran unos a otros. Dijo: "Los psicólogos nos dicen que una de cada tres personas en los Estados Unidos está necesitado de terapia. Cada mañana dale la mano a dos persona. Si ellos se ven bien, tú también lo estás."

Considero que si mis problemas deforman mi personalidad, entonces mi pensamiento está desviado. Habitualmente pienso que son los otros dos los que no están bien. Pero cuando empiezo a trabajar en mis problemas, me detengo a mirar a los demás a través de los espejos cómicos de un parque de diversiones. Los veo tal como son en realidad. ¡Y encuentro que yo soy el único que está distorsionado!

Henry Van Dyke escribió una poesía para animar a sus lectores a seguir adelante. Se necesita valor para mirar una mala herida. También se necesita valor para que el herido trate de estancar la hemorragia. Escucha las palabras del poeta:

> Las montañas que circundan el valle
> Con muros de granito, rectos y altos,
> Invitan al pie intrépido a escalar
> Su escalera dirigida al cielo.
> El mar inagotable, profundo y divisor
> Que fluye y espumajea de costa a costa
> Llama a sus caballeros tostados por el sol:
> "¡Salgan, icen las velas, exploren!"

Las rejas de la vida que tememos,
Que parecen aprisionar y controlar,
No son sino las puertas de la osadía,
Entornadas ante el alma.

No digas: "muy pobre", sino generoso;
No suspires: "muy débil", sino osado;
Nunca puedes empezar a vivir
Hasta que no te atrevas a morir.[3]

Jesús lo dijo de esta manera: "Todo el que procure salvar su vida, la perderá; y todo aquel que la pierda, la salvará" (Lucas 17:33).

Puede que ahora mismo estés mirando profundamente en tu corazón y que el Espíritu Santo te muestre la herida de una época pasada de tu vida. No tienes que seguir sangrando por esta herida. Dios quiere sanarte, pero primero debes reconocer plenamente la herida como ella es.

Hacer lo correcto

Sin embargo, no basta con reconocer nuestra herida, por crucial que sea. Debemos *hacer algo*. Si no hacemos algo, esta herida puede deformar nuestra personalidad y nuestra perspectiva para vivir, con tanta seguridad como mirarse en un espejo que deforma. Si nos quedamos inertes, veremos a través de los ojos de la distorsión. La falta de acción puede dejar cicatrices permanentes.

Así, pues, ¿qué clase de acción debemos emprender? La mayoría reacciona a las heridas en diversas maneras; no todas son las óptimas para su propio bien. Si tratamos nuestro dolor en formas adversas, es probable que las heridas nos sigan, aunque, a menudo, pueden dejar de seguirnos y empezar a

---

3. Henry Van Dyke, *The Poems of Henry Van Dyke*, Charles Scribner & Sons, New York, 1911, pág. 260.

guiarnos. La lista de las vidas trágicas que se fueron a la tumba sin ningún gozo ni felicidad es interminable.

No dejes que el trauma del pasado te impida dirigirte al futuro. Puede que sientas que eres infiel a la memoria de un ser querido si haces algo. Puede que pienses que no vale la pena vivir debido a tu difícil situación, así que te estancas en el tiempo. Oh, sí, claro que pagas las cuentas, vas a la iglesia, saludas a tus vecinos, pero, como me dijo un hombre: "Mike, mi vida es triste. Sólo recuerda que cada vez que me veas jugando golf o en la iglesia puedo parecer feliz, pero por dentro soy desgraciado."

Amigo mío, no dejes que estas heridas se vuelvan vacas sagradas para ti. Supe lo que le pasó a un ministro que acababa de contratar una secretaria. Ella había estado empleada antes en el Pentágono. Cuando reorganizaba el sistema de archivos de su nuevo jefe, ella rotuló un cajón: "Sagrado", y otro: "Altamente sagrado". Abramos esos cajones y enfrentemos con valentía lo que está adentro.

Si hoy te das cuenta de que tu identidad está en tu debilidad, el primer paso a la curación es admitir que tienes el síndrome del señor Dillon. No puedes imaginarte cómo serías si no fueras "el inválido", "la pobre mamá", "Harold, el drogadicto" u otro personaje del desfile de la vida.

Estas falsas imágenes nos bloquean a veces el real sentido de vivir. Muy a menudo perdemos la alegría de vivir porque no prestamos atención inmediata a eso que nos está hiriendo. Pero si queremos sentir una vez más la tibieza del sol en la cara, debemos emprender la acción por desagradable que sea.

Adiós, señor Dillon

¿Te acuerdas de los sesenta, en que toda una generación trataba de disfrazarse? Había barbas largas y enroscadas, anteojos de abuela de color rosa, pantalones de tiro corto, pantalones de piernas en forma de campanas, símbolos de la paz, correas, sacos estilo Nehru, pelos largos, Volkswagens pintados de color pastel, gurúes, mantras, marihuana, drogas

LSD y amor. Las familias conservadoras habían pasado años criando hijos e hijas conservadores y, entonces, ¡BUM! Una explosión destrozó la fachada de los sesenta, revelando un fruto muy podrido.

Muchas veces tomamos nuestros problemas y los revestimos con lindos dibujos florales y cuentas que brillan. Tratamos de adoptar alguna identidad que aleje a los extraños de nuestros yo reales, esperanzados en ser más aceptables. Trágicamente a menudo engañamos no sólo a los demás, sino que también a nosotros mismos.

Amigo mío, no puedes darte el lujo de llevar este tipo de vida. Deja tu identidad falsa de inválido mental creada por una situación horrible del pasado. Abandona tu identidad falsa de ex alcohólico, ex adicto a las drogas, ex adicto a la pornografía. Parece que en estos días donde quiera que nos volvamos hay algún programa que promete ayudarnos a arrastrarnos por la vida con una identidad falsa.

He visto a demasiada gente herida que trata tanto de "superar", que nunca lo logra. Hay muchos programas de "pasos" que destacan diez o doce o quince pasos seguros que uno debe dar para hallar paz. Hay mucha gente bien intencionada que dirige programas bien intencionados, diseñados para ayudarte a enfrentarte a ti mismo, a sacarte desde atrás de tu disfraz para sanar tu pierna herida. Pero la mayoría no llega a decir la simple verdad: Uno ya hizo todo lo necesario para parar la hemorragia. Él parará tu hemorragia, si tan sólo lo dejas.

Te pido que sólo des un paso en el programa de Dios: da el paso hacia la cruz de Cristo. Puedes hacerlo acercándote a su trono en oración. Echa tu carga a sus pies. La Biblia dice: "echando toda vuestra ansiedad sobre él, porque él tiene cuidado de vosotros" (1 Pedro 5:7). Puede que te cueste mucho humillarte y echar tus ansiedades sobre Él; puede que seas un autosuficiente, que siempre ha manejado todo por su cuenta. Nunca has recurrido a nadie para que te ayuden, especialmente al Señor. Acudir al Señor ahora puede hacerte sentir hipócrita. Puede que te estés preguntando: "¿Por qué querría Dios ayudarme ahora cuando yo lo he ignorado todos estos años?" Es muy simple: *¡porque Él te ama!*.

Puede que contestes: "Sí, Mike, pero ¿qué pasa si Él me rechaza?" Créeme, Él no lo hará. Fue el mismo Jesús quien dijo: "Venid a mí todos los que estáis trabajados y cargados, y yo os haré descansar. Llevad mi yugo sobre vosotros, y aprended de mí, que soy manso y humilde de corazón; y hallaréis descanso para vuestras almas; porque mi yugo es fácil, y ligera mi carga" (Mateo 11:28-30).

Aquí es por donde puedes empezar. ¡Ahora! ¡Hoy! Aprende de Jesús y verás que Él "paró la hemorragia" de todos los que acudieron a Él por ayuda. Los cuatros evangelios del Nuevo Testamento pintan el retrato de alguien que dio su propia vida por nosotros, para que nosotros pudiéramos vivir. Él quiere, más que nadie en el universo, que tú le digas adiós al señor Dillon.

Para ayudarte a decir tus adioses, quizá puedas repetir la oración siguiente ahora mismo. No hay nada mágico en las palabras, pero Aquel que oye anhela que tú vayas a Él hoy por medio de ellas (o de algo parecido). Tómate un momento o dos para decir esta sencilla oración justo antes que sigamos con la segunda parte de este libro:

> Amado Señor, que tu Espíritu Santo venga a mí ahora mismo y abra mis ojos. Que yo pueda ver que no tengo que seguir cojeando por la vida con los grandes problemas y heridas que me acosan. Muéstrame que no tengo que cojear de semana en semana como hacía Chester en Humo de Revólver. Dame la valentía para dejar mis disfraces y las identidades falsas detrás de las cuales me escondo. Yo pido tu ayuda hoy. Padre, por favor, concédemela, en el nombre de Jesús. Amén.

Segunda Parte

Curar y vendar la herida

El toque tierno de Dios

6

Nuestro papel y el papel de Dios

El toque tierno de Dios

Te acuerdas del "régimen divino de sanidad" que esbocé en la presentación? Helo aquí nuevamente:

Parar la sangre
Curar y vendar la herida
Dejar que Dios sane

Hay una diferencia entre parar la sangre y curar la herida. En la primera parte de este libro hablamos de identificar la herida que nos está causando tanto dolor. Aprendimos a invocar a Dios para "parar la sangre" y dijimos que si no hacemos algo de inmediato para parar el sangramiento, perderemos la alegría de vivir. Nuestra personalidad se deforma en los casos extremos, como el caso del empleado que balea al jefe.

También descubrimos que si no detenemos la hemorragia podemos terminar con una fea cicatriz permanente. Podemos guardar un resentimiento o amargar nuestro enfoque de la vida; los rencores que se guardan por mucho tiempo se consolidan. Así reconocimos que la necesidad inmediata es la de parar la sangre.

Sin embargo, esa es solamente la primera parte del régimen de sanidad de Dios. La segunda es: "Curar y vendar la herida." Eso es lo que queremos investigar en esta segunda parte de *El tierno toque de Dios*. ¿Cuál es nuestra parte en el proceso de sanidad? ¿Qué nos pide Dios que hagamos? ¿Cuáles son los pasos que debemos dar para pasar más allá del dolor y la herida y, una vez más, apropiarnos de la vida abundante?

Empujar el vidrio

Cuando Sandy estaba embarazada de Megan, nuestra cuarta hija, una amiga, Betsy Johnson (la esposa de Rafer Johnson, el ganador de la medalla de oro de las Olimpíadas de 1960, y madrina de nuestro hijo David), le organizó a Sandy una fiesta de regalos para el bebé por nacer. Aunque Betsy y Rafer vivían en Los Angeles, la madre y el padre de Betsy tenían un rancho hermoso en el Condado Norte de San Diego. Se decidió hacer la fiesta en el rancho.

El día señalado saludamos felices a todos los invitados. Todos habían llegado para la hora acordada excepto un matrimonio con sus hijos. Luego de esperar bastante rato, decidimos empezar sin ellos.

El teléfono sonó no mucho después de haber comenzado a abrir los regalos y a disfrutar mirando a todos nuestros hijos jugando juntos en la piscina. La llamada era para mí. Mientras pedía excusas, me preguntaba quién podía saber que yo estaba ahí.

Pronto recibí la respuesta. Era un patrullero de las autopistas de California. Me informó que la familia que estábamos esperando había tenido un accidente automovilístico tremendo a unos dieciséis kilómetros del rancho. Mientras iba al lugar, mi mente chirriaba con preguntas: ¿qué podía haber pasado? ¿Por qué no me llamó el mismo Dick, mi amigo?

Al llegar me identifiqué y un oficial me dijo que Dick, su esposa Carol y sus tres hijos, estaban siendo llevados en ambulancias a la sala de urgencias del Hospital Palomar. Me dijo cómo llegar al hospital, que estaba a quince minutos de ellos. Al volver a mi automóvil, noté a un hombre que estaba tirado a un costado de la autopista, recibiendo atención médica de parte del personal de la ambulancia.

Supe que ese hombre era el conductor del automóvil que causó el choque. Evidentemente había tratado de cruzar la autopista de cuatro pistas sin mirar en ambas direcciones y fue golpeado de lado por el furgón de Dick a ochenta kilómetros por hora.

Junto con un oficial de la patrulla que estaba cerca, el cual se identificó como cristiano, pude orar con el hombre que estaba malherido. Cuando terminamos, me fui a buscar a mis amigos, esperando que todos estuvieran vivos todavía.

En la sala de urgencias hablé con las enfermeras, que me dieron una rápida evaluación de las lesiones de la familia. Carol era la más grave, así que fue puesta a toda prisa bajo la atención de los especialistas. Me permitieron entrar a las habitaciones de trauma para orar por Dick y los niños. Dick me contó lo que pasó lo mejor que pudo recordarlo.

El impacto del choque dobló literalmente en dos al automóvil del otro hombre y lanzó a Carol por el parabrisas del furgón. Dick quedó trabado en el furgón, comprimido por el volante, mientras que sus tres hijos, que iban en la parte de atrás, quedaron tirados dentro del vehículo. Mientras Carol estaba tendida en el pavimento, el furgón viró hacia ella y, milagrosamente, se detuvo a pocos centímetros de su cabeza. Poca duda cabe de que su cabeza hubiera sido aplastada si el furgón no se hubiera parado donde se paró. Dios intervino.

Antes que llegaran la policía y los del rescate, Dick pudo soltarse y salir por el parabrisas destrozado. Yendo a tumbos hasta la parte de atrás del furgón, encontró a su esposa tirada en un charco de sangre, con su rostro destrozado lleno de pequeños fragmentos de vidrio. Dick pensó que ella se veía casi muerta: inconsciente, incapaz de hablar; evidentemente en estado crítico. En seguida se le ocurrió imponer sus manos en el cuello de ella y orar que Dios hiciera un milagro. Hecho eso, empezó a ayudar a sus hijos a que salieran del vehículo en tanto llegaba el equipo de rescate.

Aunque nadie lo supo en ese momento, Carol debió haberse desangrado hasta morir. El vidrio del parabrisas le había cortado una arteria grande del cuello. A causa de toda la sangre, Dick no pudo ver que un grueso trozo de vidrio le había perforado a ella el costado del cuello, por donde sangraba mucho. Cuando Dick le impuso las manos en el cuello, en realidad empujó más adentro el trozo de vidrio. Eso le salvó la vida a ella; Dick había estancado la hemorragia sin saberlo. De lo contrario, es probable que ella hubiera muerto desangrada antes que llegara al hospital. Dick había estancado la hemorragia; ahora era el turno de los médicos de curar y vendar la herida.

Ese es el mismo punto al que llegamos en este libro. Una vez que identificamos el problema y detuvimos la hemorragia, debemos dar el próximo paso del proceso de sanidad: vendar la herida. Sobre todo, la herida debe curarse correctamente para que no haya infección.

El vendaje de la herida de Carol demoró meses para completarse. Como su cara estaba llena de pequeños pedazos de vidrio del parabrisas, los cirujanos plásticos tuvieron que trabajar con empeño en ese daño. Cada varias semanas Carol tenía que volver a la consulta del médico para que le sacaran más vidrios, a la vez que hacerle más limpiezas de las heridas y de su cara. Cada vez la tapaban con vendajes nuevos. La sanidad de Carol fue completada por partes, pues le trataban y vendaban varias zonas de su cara. Por fin, esta madre joven y enérgica quedó "armada" de nuevo.

¿Sabes? A menudo pensamos que todo lo que tenemos que hacer es vendar nuestras heridas y que se sanarán en un par de días; pero el accidente de Carol ilustra que tratar las heridas graves puede costar mucho tiempo: a veces meses y hasta años. No obstante, si el procedimiento se realiza en la forma correcta, su resultado es la sanidad verdadera.

Parar la infección

Cuando los médicos tratan una herida, ponen medicinas que detienen la diseminación de los gérmenes. Aplican una loción sanadora para contrarrestar la infección y reanimar el proceso de curación.

Los médicos tratan las heridas en maneras diferentes según cual sea la naturaleza de la lesión. Una víctima con quemaduras recibe un tipo de tratamiento diferente del que recibe alguien con un brazo quebrado. Las heridas de bala y las heridas con armas cortantes penetran el cuerpo en forma distinta, por lo que deben tratarse de maneras diferentes. Se aplica una inyección contra el tétano a algunas personas como parte del plan de tratamiento del médico, pero no a otras.

Así como es importante que mantengamos las heridas del cuerpo libres de infección, también es imperativo que mantengamos las heridas del alma "sin infección". De la misma manera que la enfermedad ataca al cuerpo, el pecado ataca al alma. El daño puede ser desastroso si no se controla. Si nuestra herida es causada por el pecado y no la tratamos, la "infección" puede ser peor que la herida original.

Por ejemplo, pensemos en alguien que le roba a su empleador. Luego de una investigación la gerencia identifica al ladrón y lo hace arrestar. El tribunal lo encuentra culpable, le fija una multa de diez mil dólares y lo sentencia a un año de cárcel. Su encarcelamiento causa mucho dolor a su familia. Incluso cuando sale libre, el dolor continúa; ahora él tiene la responsabilidad de pagar la multa que le impuso el tribunal. Sacar diez mil dólares del presupuesto familiar en un lapso de dos años es un gran peso para la familia. Ahora, el dolor y el daño del robo; de ser atrapado, juzgado y sentenciado, adquiere un sufrimiento adicional (una "infección").

El matrimonio se enfrenta ahora a una tensión que no existía dos años atrás. La esposa se siente traicionada, desencantada y usada. Las discusiones y las peleas se hacen frecuentes, conduciendo oportunamente al maltrato físico; cosa que los niños ven. Estos se ponen rebeldes por lo que ven ocurre entre mamá y papá. Empiezan a faltar a clases y se meten en problemas en la escuela, bajan las calificaciones y se desploman sus actitudes.

No pasa mucho tiempo para que el sufrimiento se convierta en una herida abierta que supura, mucho peor que la herida original. Se llenan los papeles del divorcio, el tribunal fija una fecha y, pronto, hay otra unidad familiar que se separa.

¿Cómo se hubiera podido prevenir un desastre así? Para vendar una herida como esta, hubiera sido necesario que todas las personas involucradas buscaran ayuda. Sólo se puede tratar la herida después de encarar la naturaleza de la lesión y examinar su causa. No se va a mejorar sola. No es verdad que "el tiempo lo cura todo". Al contrario, muchas heridas requieren de tiempo para sanar apropiadamente, y no se sanarán solas. Debemos adoptar una actitud activa para recuperar nuestra salud.

No sé qué clase de régimen de sanidad se requiera para tu caso. Puede que provengas de una familia que tiene antecedentes de abuso del alcohol; de hecho, ese puede ser tu propio problema. Escucha: tu herida no se va a curar con alcohol. Algunas personas piensan que se puede estancar la hemorragia con alcohol, pero no se puede. Yo lo sé; yo lo probé y no sirve. En realidad, el abuso del alcohol muestra que tú sangras aún. Más de un hogar hermoso ha sido destruido por el alcohol. Hay maridos y esposas maravillosos, padres y madres buenos que lloran esta noche porque la gloria de su hogar y familia fue despedazada de forma irreparable, sencillamente debido al alcohol.

Quizá esa no sea tu herida en absoluto. Quizá tu herida fue causada por una muerte en la familia, una relación rota, la pérdida de un trabajo, el abuso sexual o un fracaso. No importa lo que sea: la herida tiene que tratarse y tiene que tratarse de la manera correcta.

Hay a tu disposición cientos de organizaciones de ayuda y vídeos de media hora que te garantizan una curación para lo que te perturba. Algunas te servirán en realidad para andar lentamente por la vida. Te darán consejos de cómo arrastrar tu alma paralítica de una parte a otra del vertedero de basura, pero sus programas no te curarán. En algunos casos, la única cura real disponible es un milagro; pero ¡te tengo una buena noticia! Dios tiene bodegas llenas de milagros de todas las formas, tamaños y colores. Él tiene uno preciso para ti. La cura real, la única cura certera es clamar al Señor, pidiendo socorro. Deja que Él te dé la esperanza que necesitas; ésa es la cura. No obstante, tú tienes también que desempeñar un papel en tu propia sanidad. Puede que no sea fácil y nada divertido, pero es la única solución para que te apropies de la sanidad que necesitas tan desesperadamente.

A veces duele

No siempre es cierto pero, a veces, curar una herida puede ser un proceso doloroso. Nuestro hijo David se cayó de su bicicleta cuando tenía siete años. Se magulló bastante el brazo contra el suelo, incrustándosele piedras de la grava en la herida. Cuando llegó a la sala de urgencias, el médico lo examinó por si tenía huesos rotos; luego hizo que la enfermera limpiara y vendara la herida. Fue un proceso difícil para un chico de esa edad.

La enfermera vertió antiséptico en la herida abierta y las magulladuras de David. Naturalmente que mi hijo dio a conocer su desagrado. Luego vino la parte realmente dolorosa del proceso. La enfermera tomó un cepillo y cepilló a cabalidad la herida. David y yo tuvimos que negociar para vencer esa parte del proceso. Le dije que si la enfermera no cepillaba la herida no podría sacar todas las piedras de la grava que no se veían. Si ella vendaba la herida sin prepararla antes, la infección podría empeorar por debajo del vendaje y, en unos pocos días, causar una situación mucho más grave que la original.

Sencillamente, David tuvo que "apretar los dientes" y dejar que la enfermera procediera. No fue agradable, pero era necesario. No hubo infección y, pronto, David estuvo de vuelta en su bicicleta, recorriendo el vecindario como si nada hubiera pasado.

Curar las heridas del alma puede ser aun más doloroso que tratar las heridas físicas; pero no podemos dejar que eso nos detenga. No podemos arriesgarnos a tener una infección y problemas mayores a lo largo del camino.

Me pregunto: ¿necesitas simplemente "apretar los dientes" y aguantar hasta que tus heridas estén bien curadas y vendadas? No te prometo que tratar tu herida sea agradable o indoloro, pero sí te prometo que, si ahora haces tu parte, Dios tendrá libertad para obrar una sanidad divina, gloriosa, maravillosa y potente en tu alma. ¿No es eso lo que en realidad quieres?

Ahora es el momento

Hoy sería un buen día para que tú acudieras a Jesús. Pídele que vende tu herida y te sane. ¿Por qué no orar ahora mismo y pedirle al Señor que saque todo orgullo o prejuicio de tu corazón que impida el tratamiento de tu herida y dolor? Pide al Señor que saque todas las excusas o resistencia. Por último, pide a Dios que trate la herida de tu vida y empiece el proceso de curación. Puedes decir las palabras que desees mientras te diriges a tu Padre celestial; Él promete oír toda palabra sincera.

Habla con el corazón y hallarás gran liberación. Usa como ejemplo la oración que sigue para comunicarte con Aquél que más te ama. Abre la puerta de tu corazón y deja que el Señor haga lo que Él hace mejor que nadie. Deja que Él te ame libremente y, de una vez por todas, *te libere* de esta herida.

Amado Señor, por favor, venda las heridas de mi vida, las que yo causé, como también las que me hicieron otras personas. Dame la habilidad de perdonar a las personas de mi pasado y a las que están actualmente en mi vida, a cada uno que me haya causado dolor y heridas. Por favor, extiende tu mano y no sólo cúrame en tu tiempo y a tu manera, sino que también lléname con tu amor para aceptar tu gracia con acción de gracias. Hoy acudo a ti; por favor, acepta mi poquita fe. Para mi sangramiento, venda mi herida y, por favor, Dios, *sáname*. En el nombre de Jesús. Amén.

Espero que ahora estés empezando a creer que Dios no sólo puede sanar tu herida, sino que también puede vendar la herida para que sane limpia y saludable.

Dios se ha puesto a disposición de todos los heridos. En la Biblia. Él reveló su amor, interés y poder a toda la humanidad. Recuerda que al igual que las heridas físicas requieren medicina y desinfectantes fuertes, así también lo requieren nuestras heridas personales.

Jesús no quiere que suframos, sino que disfrutemos la vida al máximo. Deja que el Espíritu Santo tome las palabras de las Escrituras para comenzar una nueva obra en tu corazón. Deja que la Biblia sea un instrumento en la mano de Dios para darte integridad y salud. Deja que la virtud y el poder de Dios fluyan a través de las Sagradas Escrituras a tu vida y te hagan una persona nueva, íntegra y apta para el servicio del Rey.

Es chocante darse cuenta que hoy la mayoría de la gente tolera el presente mientras espera por el futuro: esperando que pase algo, esperando "el año nuevo", esperando una época mejor, esperando el mañana. Muchas personas son incapaces de entender que todo lo que tienen es el hoy. El ayer pasó; el mañana existe sólo en la esperanza.

¿No es hora de que seas librado de la trampa que te tiene asido? Deja que Dios cure la herida de tu vida. Es imperativo que trates la herida o supurará más y más; eso que hoy pudiera manejarse fácilmente requerirá, en cambio, tratamiento prolongado y drástico más adelante, y demorará más tiempo del necesario para sanar. ¿Por qué esperar "una época mejor"? No hay mejor época que ahora. El plan de Dios es que empieces a disfrutar de la vida. Así que, ¿por qué no cooperar con Él empezando en este momento?

7

Organiza un plan de juego

El toque tierno de Dios

Después que hemos evaluado el daño y detenido la hemorragia, necesitamos una estrategia para cerciorarnos de que nuestro problema pueda controlarse. Una de las mejores formas de hacerlo es organizando un plan de juego.

"¡Oh, no! ¡No un plan de juego!", dices. Un plan de juego puede evocar las imágenes del campeonato de un equipo de la Super Copa. Puede evocar a esos jugadores de la NBA (Asociación nacional de baloncesto norteamericana) que miden más de dos metros, arrodillados en el duro piso de madera, en torno a su entrenador, y mirando un marcador blanco marcado con X y O. Pero la clase de plan de juego en que pienso no tiene nada que ver con los deportes; solamente se trata de un plano en que se puede trabajar y que te sirve para llegar a una meta deseada. No significa más dolor, aunque puede significar más disciplina.

¿Conoces el versículo de la Biblia: "El gozo de Jehová es vuestra fuerza"? (Nehemías 8:10). Permite que lo escriba de esta forma: Si supieras que un plan de juego: a) te va a dar fuerza y b) te va a dar gozo, ¿no dirías "sí, adelante"? Bueno, eso es lo que Dios quiere hacer por medio de un plan de juego. Él quiere hacer que el vendaje de tu herida sea un proceso gozoso que termine fortaleciéndote.

Si esperamos demasiado tiempo para organizar ese plan de juego, nuestra personalidad puede deformarse. Quizá no sea la personalidad exagerada que vimos en el capítulo 1; no hablo de convertirse en un Frankestein u otra clase de monstruo macabro. Hablo de estar paralizado tocante a las relaciones personales.

Las drogas no son el sustituto de un plan de juego. Mucha gente vive de las drogas prescritas legalmente por su médico pero sus problemas no mejoran. Las drogas pueden enmascarar el dolor pero las drogas nunca eliminarán el dolor. Puede que hasta empeoren más la situación.

Déjame darte un ejemplo sencillo de un plan de juego. Hasta hace poco no tenía un plan de juego en mi propia vida en cuanto al dolor físico. Eso me estaba matando.

Una vuelta no tan divertida

En los últimos días en que he estado trabajando en este libro, he tenido que sentarme durante horas a escribir en mi computadora MacIntosh (¿qué otra marca de computadora podría yo tener con un apellido como el mío?). Esto reactiva mis problemas de espalda y el dolor regresa con más furor: eso de estar sentado empeora mi estado. Es un círculo vicioso que empezó hace cinco años en un parque de diversiones.

Cuando nuestra hija menor cumplió quince años, quiso que yo la acompañara a dar una vuelta en la montaña rusa. Ella me garantizaba que sería la mejor experiencia de toda mi vida (aunque estoy seguro que no pensaba que me causaría toda una vida de dolor). Cada pasajero de esta montaña rusa tenía que sentarse en lo que se parecía a un asiento de bicicleta. Entonces, le pasaban un arnés firme por la cabeza, fijando en su lugar los hombros y la parte superior del torso.

Una vez que empezaba la vuelta, uno iba en lo que era una montaña rusa sin un carrito donde sentarse. Desdichadamente el aparato para sostener la parte superior de torso se cerró antes que yo me sentara cómodamente. La vuelta empezó de todos modos, y me hallé en cuclillas empujando con mis pies y encogiendo mis hombros lo más que podía para mantener el equilibrio y resistir las fuertes vueltas, los giros y los rebotes del viaje. Evidentemente eso causó un espasmo en los músculos de la espalda dejándolos contraídos. Fue una experiencia horrible.

En los últimos cinco años mi cuerpo debe haber estado enmascarando los problemas causados por este incidente. En mis visitas recientes al médico, supe que tengo tres problemas importantes de la espalda, cada uno agravado por los otros.

Es obvio que el trauma original hizo que los músculos de la espalda se contrajeran y se cerraran defendiendo mi columna vertebral. Luego, después de tres años, dos discos intervertebrales empezaron a salirse de su posición y apretaron los nervios, cosa que a su vez causó un esguince crónico en la parte baja de la espalda. Todo este tiempo los músculos estuvieron tensándose más y más de modo que mi espalda está en un estado de tensión constante.

Puedo decir con toda sinceridad que durante los últimos tres o cuatro años nunca he disfrutado de ocho horas seguidas de sueño ininterrumpido. Nunca me despierto descansado y refrescado, algo que puede ser muy desalentador.

Hace ocho meses fui invitado a Taiwan. Mi amigo Luis Palau estaba en una gira evangelizadora, haciendo las campañas en los estadios de las seis ciudades más grandes de Taiwan. Me invitó que fuera antes que él para reunirme con los líderes cristianos de estas ciudades y hablar en las iglesias, colegios preuniversitarios y almuerzos de empresas de cada una de esas ciudades.

El frenético programa y el largo viaje en avión pusieron mucho estrés en mi espalda, tanto que tuve que regresar a San Diego dos días antes de lo planeado para ver al neurocirujano. El dolor era tan fuerte, el nivel de molestia era tan alto, que ese día estaba listo para que me operaran la espalda o lo que fuera con tal de aliviar el dolor. Luego de un cuidadoso examen y de una prueba de imágenes por resonancia magnética, descubrimos los discos protuberantes. Yo me había puesto en las manos del cirujano. Yo haría lo que él dijera. Para mi gran alivio dijo que en ese momento no era necesario operar. En cambio, recomendó fisioterapia y ejercicios de estiramiento (eso era lo que me había recetado el médico de mi familia un año antes). ¡Qué alivio! Ahora, por lo menos, estaba seguro de cuál era mi problema. Podía parar la sangre y empezar a tratar la herida. Por medio de la gente que me ayudó, pude organizar un plan de juego. Mi rehabilitación (mi plan de juego) tiene cuatro facetas:

1. Fisioterapia dos veces por semana para empezar el proceso de curación y fortalecer los músculos de la parte baja de la espalda. Esto permitirá que los dos discos vuelvan a su lugar y quitará la presión de los nervios.

2. Ir al gimnasio tres veces por semana para dar a mi cuerpo el vigor de la aeróbica y el fortalecimiento corporal.

3. Una dieta de poca grasa para bajar mi peso y el contenido de grasa. Esto es lo más difícil... amo mis hamburguesas con queso.

4. Un masaje dos veces por semana porque el problema aumenta en lugar de disminuir, ya que cada semana tengo que estar sentado o de pie durante horas. Por eso el masaje.

Sin un plan de juego para cambiar mi estilo de vida y sin un compromiso para seguir ese plan, en diez años sería indudablemente un viejo paralítico y encorvado.

Naturalmente sería fácil tomar relajantes musculares, pero odio la sensación de resaca que me dan. Sería fácil tomarme seis cervezas cada vez que llega el dolor; sería sencillo tomar vino u otra bebida alcohólica cuando el dolor golpea mi puerta cada hora. En fin, sería más fácil vivir del Valium u otros tranquilizantes, pero no quiero ese estilo de vida. Yo quiero una vida activa.

Tengo la esposa más grandiosa del mundo que me ama trillones y ella necesita todo el amor y la diversión que yo pueda darle. Ella merece lo mejor, no las sobras. Tengo tres hijos, tres hijas y cinco nietas preciosas que necesitan un papá y un abuelo activo. Me gustan los deportes: motocicletas acuáticas, *four-wheeling*, la natación, el fútbol americano, trotar, el baloncesto, levantar pesas. Me niego a dejar de practicarlos. Amo la vida y amo a la gente que está en mi vida. He clamado tantas veces a Dios rogando: "¡Por favor, quítame este dolor y esta molestia constantes!" Sin embargo, ahí están, incluso cuando escribo en la computadora.

Puede sonar tonto, pero este plan de juego me ha ayudado a conocer a mucha gente nueva. Amistades que me dan mucho gozo. En los últimos cuatro días he tenido la terapia de masajes tres veces. Mahina es una hawaiana cuyo padre tenía problemas de espalda tan graves que andaba gateando. Mientras daba masajes a mi espalda, me contó la historia de él, y yo me sentí agradecido que mi dolor no fuera nada comparado con el de su padre. En cada sesión he aprendido algo nuevo de mi condición mientras ella pone en acción sus destrezas terapéuticas. Sé que si soy diligente veré disminuir mis problemas y, quizá, hasta desaparezcan. A propósito, los de su padre se acabaron.

Hace poco la terapeuta notó que mis músculos estaban agarrotados debajo de las escápulas. Luego de terminar de trabajarlos, me di cuenta que mi postura dependía de la limitación de mis músculos. Camino a casa empecé a bostezar. Luego del quinto o sexto bostezo me di cuenta que estos eran bostezos profundos y refrescantes. No recordaba cuánto tiempo hacía desde que había bostezado tan profundamente; me evocó cómo debe haber sido despertarse en la mañana y sentirse refrescado.

Al día siguiente le conté esto a la masajista quien dijo que se debía a que la caja torácica se había podido expandir y los músculos se estiraron más que en largo tiempo. Esto permitió que mis pulmones se ensancharan y recibieran más aire, lo que a su vez me hizo sentirme mejor. La fisioterapeuta había señalado más de una vez que yo respiraba superficialmente en vez de profundamente. Ahora estoy respirando más aire y mi mente está más clara. Sé que debo mantener mis hombros echados atrás para que mi pecho pueda contener más aire. Sin embargo, esto es una lucha porque mis músculos están entrenados para permitir que mi cuerpo se encorve, dándome una mala postura. Necesitaré disciplina en mi vida para volver a entrenarlos y recordarles lo que realmente es normal.

Hoy tengo un plan de juego y el masaje habitual es parte de ese plan. Antes no sabía eso. Ahora me doy cuenta que este es el proceso de sanidad.

Necesito este plan de juego porque pierdo si dejo que el dolor domine mi vida. Pierdo la alegría de vivir y puedo terminar con una personalidad levemente deformada. Si me descuido, los que me rodean pueden sufrir tanto como yo. Debo tomar conciencia de que las consecuencias incidentales de mi dolor afecta a mucha gente. Por eso es que estoy tan agradecido de mi nuevo plan de juego.

La elaboración de un plan de juego

Tú también necesitas un plan de juego. ¿Por qué? Un plan de juego te mantendrá concentrado en el objetivo: Estancar la hemorragia, vendar la herida y dejar que Dios sane. Recuerda que si no vendas la herida *ahora*, tendrás problemas más graves después.

Un plan de juego es sencillamente una manera de enfocar algo que estás tratando de realizar. En tu plan de juego tienes que conocer los puntos fuertes y débiles de tu equipo como asimismo los de tu rival. También tu plan debe ajustarse al plan de juego de tu rival.

Por ejemplo, si estás tratando de adelgazar, entonces tu plan de juego es tu dieta. Puede ser un plan sencillo que elimine las grasas y reduzca las calorías, hecho por tu cuenta. También puedes decidir ir a Jenny Craig o Weight Watchers (dos compañías muy famosas en los Estados Unidos que se dedican a ayudar a que la gente adelgace en forma sistemática) que te ayudarán a organizarte un plan con cierto nivel de responsabilidad de rendir cuentas. Quizá puedas darte el lujo de hacer lo que hizo Oprah Winfrey, la animadora de un programa de conversación en vivo de la televisión norteamericana: contratar una cocinera de jornada completa que controla tu comida y lo que comes.

En el mundo de negocios se conoce el plan de juego como una pro forma; en una clase de idioma es un bosquejo; en los círculos financieros es un presupuesto o un pronóstico.

Encuentro que lo mejor es escribir el plan de juego en lugar de guardarlo en la memoria. ¿Por qué? Porque uno puede olvidarse del compromiso que uno ha hecho para ayudarse a sí mismo. Así, pues, escríbelo. Léelo y ora por eso.

No sé por qué, pero escribirlo permite que lo que enfrentaste o enfrentas ahora parezca más pequeño. El problema se vuelve manejable.

Lo primero que hay que hacer al organizar un plan de juego es asegurarse de haber estancado la hemorragia. Eso es lo más importante. Segundo, tienes que vendar la herida. Puede que hacer esto requiera muchos pasos. Tu plan de juego puede lucir así:

1. Parar el sangrado:
   a. Ser honesto.
   b. Hablar con las personas involucradas.
   c. Comunicarse con amistades buenas.
   d. Clamar a Dios.
2. Curar la herida:
   a. Buscar consejo.
   b. Confesar y arrepentirse si es necesario.
   c. Perdonar a los que te hicieron mal; perdonarte a ti mismo si es necesario.
   d. Encomendar tu situación a Dios en oración.
   e. Etc.

Naturalmente esto es muy básico y elemental; tú querrás armarte de un plan más específico para tus propias necesidades, como lo hice yo para mis problemas de la espalda. La buena nueva es que tengo la seguridad que empezarás a sentir un cambio positivo en el momento en que seas capaz de identificar y aclarar tu situación.

Tu plan de juego puede incluir una salida o un viaje a Hawai para estar al sol. No sé qué pueda ser porque cada uno de nosotros es diferente. Comienza donde estés y mira la situación. ¿Es tu dolor causado por el peor de los dolores? ¿Acabas de romper con tu novio o novia, o divorciarte, o presentaste la quiebra?

Sea lo que sea, organiza un plan de juego para que te ayude a tratar la herida. No te olvides: Dios debe ser el centro del plan. Ciertamente Él conoce el juego de la vida mejor que cualquiera.

Aprendamos de Elías

Una figura famosa del Antiguo Testamento puede ayudarnos a idear un plan de juego efectivo. Elías fue un profeta del Antiguo Testamento que hizo muchos milagros. Fue un hombre intrépido cuando se trató de proclamar la voluntad de Dios a la gente. En el texto bíblico que sigue, Elías acaba de confrontar al rey Acab y sus cuatrocientos cincuenta profetas de Baal. Todos fueron matados luego que Elías los confrontó en el monte Carmelo. Evidentemente Jezabel, la malvada esposa de Acab, "llevaba los pantalones" de la familia real y, cuando supo lo que Elías hizo a sus falsos profetas, se enfureció.

Acab dio a Jezabel la nueva de todo lo que Elías había hecho, y de cómo había matado a espada a todos los profetas. Entonces envió Jezabel a Elías un mensajero, diciendo: Así me hagan los dioses, y aun me añadan, si mañana a estas horas yo no he puesto tu persona como la de uno de ellos. Viendo, pues, el peligro, se levantó y se fue para salvar su vida, y vino a Beerseba, que está en Judá, y dejó allí a su criado. Y él se fue por el desierto un día de camino, y vino y se sentó debajo de un enebro; y deseando morirse, dijo: Basta ya, oh Jehová, quítame la vida, pues no soy yo mejor que mis padres. Y echándose debajo del enebro, se quedó dormido; y he aquí luego un ángel le tocó, y le dijo: Levántate, come. Entonces él miró, y he aquí a su cabecera una torta cocida sobre las ascuas, y una vasija de agua; y comió y bebió, y volvió a dormirse. Y volviendo el ángel de Jehová la segunda vez, lo tocó, diciendo: Levántate y come, porque largo camino te resta. Se levantó, pues, y comió y bebió, y fortalecido con aquella comida caminó cuarenta días y cuarenta noches hasta Horeb, el monte de Dios (1 Reyes 19:1-8).

Naturalmente que tú y yo no somos los profetas poderosos e ilustres de antes. Aun así, Dios puede usar esta historia para ayudarnos a organizar un plan de juego efectivo.

Primero, fíjate que Elías huyó para salvar su vida. Resulta casi imposible pensar que este hombre, que se paró en el Monte Carmelo y pidió que cayera fuego del cielo, que vio la respuesta de Dios a su oración y que envió el fuego que consumió el holocausto ofrendado y todo lo que rodeaba al altar; que se plantó sin temor ante cuatrocientos cincuenta profetas falsos que gritaban y aullaban y se cortejaban frente al pueblo de Israel; que desafió a tantos a probar y comprobar a su Dios; este hombre terminara huyendo de una mujer. Sin embargo, supongo que huir es una respuesta natural de todos nosotros cuando nos enfrentamos a la amenaza de la muerte. Cuando comiences a organizarte un plan de juego, hazte esta muy importante pregunta: "¿estoy huyendo?".

Segundo, fíjate en que, a pesar que el versículo 3 nos dice que Elías viajaba con su criado, evidentemente lo dejó en Beerseba y siguió viajando solo por otro día más. En otras palabras, él se retiró. Es natural que queramos retirarnos cuando hemos sido heridos, pero, en algunos casos, es muy importante tener gente a nuestro alrededor. Cuando comiences a organizarte un plan de juego, hazte esta segunda y muy importante pregunta: "¿me estoy retirando?".

Tercero, en cuanto estuvo a solas, Elías oró a Dios que lo dejara morirse. Estaba agotado, sin recursos ni fuerza física. Después que Elías salió victorioso de su conflicto con los sacerdotes de Baal, oró que terminara la sequía que ya duraba tres años. Cuando Dios confirmó que se acercaba una gran tempestad, Elías mandó a su criado a decirle a Acab que subiera a su carruaje y se apresurara a salir de esa zona o, de lo contrario, se quedaría empantanado en el barro. Entonces, Elías bajó corriendo varios kilómetros por el cerro y venció al carruaje del rey llegando primero al valle de Jezreel. Naturalmente que el profeta estaba físicamente agotado como también exhausto espiritualmente. También estaba agotado emocionalmente. La reina había declarado en público que él era hombre muerto, y se había echado a correr esta voz: "Si no quieres que la reina se enfurezca contigo, mejor que te saques a Elías de encima." Estar física, espiritual y mentalmente exhausto es muy peligroso. Cuando estamos en ese estado podemos tomar decisiones insensatas y decir estupideces. Cuando comiences a organizar un plan de juego, hazte esta tercera y muy importante pregunta: "¿estoy física, espiritual o mentalmente exhausto?"

Cuarto, Elías quería a la muerte más que a la vida. Sus circunstancias y el dolor que sentía le bloquearon la vida y lo dispusieron a desear la muerte. Cuando comiences a organizar un plan de juego, hazte esta cuarta y muy importante pregunta: "¿estoy bloqueando la vida y deseando la muerte?"

Quinto, Elías se quedó dormido y Dios mandó a un ángel para que le atendiera. Eso casi nos parece un poco raro. Si un ángel se nos apareciera, ¿no haría más que traernos un plato de comida? Fíjate que el ángel dijo: "Levántate, y come." Elías hizo precisamente eso y después de comer se volvió a quedar dormido. El ángel lo volvió a despertar más tarde, y Elías comió otra vez. Las palabras dichas a Elías en esta ocasión tienen importancia para ti y para mí: "Levántate y come, porque largo camino te resta." Deja que esas palabras te penetren bien. El viaje también es demasiado extenso para ti. No puedes hacerlo por tu propia fuerza. Toda tu fuerza puede no estar a tu disposición en este momento. Debes invitar a Dios para que te ayude a continuar viviendo. Cuando comiences a organizar un plan de juego, hazte esta quinta y muy importante pregunta: "¿estoy comiendo y durmiendo bien? ¿Estoy dependiendo de la fuerza de Dios y no de la mía propia?"

El simple hecho que tengas la disposición de elaborar un plan de juego (por muy bosquejado que sea), asegura que paraste definitivamente la sangre y, ahora, estás curando la herida. Si te comprometes a organizar un plan de juego, sé que ganarás el partido.

¿En qué consiste tu plan?

Hoy puedes empezar a organizar tu plan de juego con unas pocas palabras sencillas escritas en un papel o en tu computadora. ¿Cuál será tu plan de juego? ¿Qué debe comprender?

Probablemente uno de los acápites de tu plan deba ser la consejería. También debe incluir descanso, pero algunas personas se esconden debajo de las frazadas cuando los problemas los golpean. Otras pueden tomar píldoras para dormir y tratar de dormir hasta que pasen los problemas. Dormir demasiado puede ser tan dañino como dormir muy poco. ¿Qué es lo que más necesitas?

Un niño de ocho años de edad era entrevistado en la televisión. El chico era de una familia grande, en que la madre se levantaba primero, mandaba los chicos a la escuela, apuraba al padre para irse a la oficina y, entonces, atacaba sus tareas domésticas diarias. Le preguntaron al muchacho: "¿Qué crees que sea lo que más quiere tu mamá?" El niño replicó inmediatamente: "Volver a la cama."

Charles Swindoll, uno de los principales pastores norteamericanos de la historia moderna de ese país, entiende la importancia del descanso. Él es hombre que estudió mucho, predicó bien, enseñó con disciplina, pastoreó con integridad una congregación y ha sido marido fiel y padre cumplidor. Chuck [su sobrenombre] no sólo es un maestro dotado sino también un prolífico escritor. Chuck escribe que "la renovación y la restauración no son lujos; son esenciales. Estar a solas y reposar por un momento no es egoísta. No halla nada absolutamente envidiable ni espiritual en un ataque de angina de pecho o un colapso nervioso, ni un horario sumamente ocupado es necesariamente señal de vida productiva."[1] Esta cita nos recuerda que debemos incluir el descanso, al igual que momentos tranquilos y momento de reflexión. Seguramente estos ayudarán a vendar la herida.

¿Estás dispuesto a dar los pasos necesarios para curar la herida? De ser así, cerciórate de incluir en tu plan de juego un tiempo para descansar, estar en silencio y a solas, para reflexionar y meditar. Recuerda que podemos aprender en silencio cosas que nunca descubriríamos en el tumulto de la vida.

Una actuación esperada por largo tiempo

Aunque no estoy seguro del origen de la historia que sigue, es una ilustración notable de la planificación y la perseverancia. Un profesor de piano, sencilla y cariñosamente conocido como Herman, daba clases en el departamento de música de una universidad. Una noche, durante un concierto, un distinguido pianista se enfermó súbitamente mientras tocaba una pieza en extremo difícil. Tan pronto como el artista había salido del escenario, Herman se paró de su asiento en la platea, caminó al escenario, se sentó al piano y, con gran maestría, completó la presentación.

---

1. Chuck Swindoll, *The Quest for Character*, Portland, Oregón, Multinomah Press, 1987.

Más tarde, en una fiesta de esa noche, un alumno le preguntó a Herman cómo pudo tocar esa pieza tan difícil con tanta belleza sin aviso y sin ensayar. Él contestó: "En 1939 cuando era un joven pianista de concierto recién comenzando, fui arrestado y llevado a un campo de concentración nazi. Obviamente, el futuro lucía atroz pero yo sabía que tenía que practicar diariamente para mantener viva la chispa de la esperanza de volver a tocar algún día. Una noche, tarde, empecé por practicar una pieza de mi repertorio en la tabla de mi cama. A la noche siguiente agregué una segunda pieza y pronto estaba ensayando todo mi repertorio. Hice esto durante cada noche por cinco años.

"Da la casualidad, que la pieza que toqué esta noche en el salón de conciertos era parte de mi repertorio. Esa práctica constante es lo que mantuvo viva mi esperanza. Cada día renovaba mi esperanza de poder un día tocar mi música otra vez en un piano de verdad y en libertad."

Herman tenía un plan de juego que siguió por largos años, esperanzado en que un día volvería a ser libre. Fue ese plan de juego lo que le capacitó para hacer lo evidentemente imposible.

Un plan de juego puede hacer lo mismo por ti. Un plan de juego efectivo, ejecutado con diligencia, puede dar esperanza y libertad en forma oportuna. Así, pues, lánzate de lleno. Hazte un plan de juego y ¿quién sabe? Un día puedes hallarte haciendo la actuación de tu vida.

8

La importancia de los consejeros

El toque tierno de Dios

La consejería suele ser una manera efectiva de "curar y vendar la herida" y dejar que empiece el proceso de cicatrización. Encontrar al consejero adecuado es una clave inapreciable para la recuperación sana. Dios usa frecuentemente personas para ayudarnos a recobrarnos de nuestras heridas, pero siempre Él ocupa el centro de nuestra sanidad. Yo sé eso por experiencia propia.

Muertos que caminan

El doctor Sherwood Wirt escribió un libro titulado *For the Love of Mike* [Por el amor de Mike] en que detalló la obra de Dios en mi vida, desde la juventud hasta 1983. Él relató la historia de la forma en que Dios me sanó. Por cuestión de tiempo y espacio, te daré aquí la versión condensada.

En los años sesenta, cuando mi generación fue atrapada en la revolución cultural, yo también "experimenté". Un domingo, a eso de las cuatro de la tarde, en el asoleado sur californiano, un amigo me pasó una pastilla y dijo: "Toma, prueba esto." Estúpidamente la tomé. Nada pasó en las primeras cuatro horas, pero entonces "se desató el infierno entero". No sé lo que contenía esa pastilla; sólo sé que me asustó. Me sentí como si me hubieran dado veneno.

A eso de las ocho de la noche yo estaba en una casa con ocho o diez personas. No sé en realidad. Nuestro mutuo amigo me había dejado solo cuando se fue a buscar a su novia. Mi mente parecía estar en fuego. Sentía que esto era grave y que era mejor que me fuera rápidamente al hospital. Comencé a sentir pánico, el diablo tomó las riendas, y los que estaban conmigo me gastaron una broma morbosa: Me hicieron creer que iban a matarme.

A través de la neblina de la alucinación, pensé que habían cargado una pistola, que me habían metido la cabeza en una bolsa, atándome las manos por detrás, y que me habían hecho arrodillar en el piso. Clamé a Dios que me ayudara, pero todo lo que vi con el ojo de mi mente fue una negrura absoluta. Entonces se aparecieron Buda, Maharishi y Krishna riéndose de mí. Yo había sido seguidor de muchos jóvenes que buscaban el conocimiento de la verdad y, a través de ellos, había conocido las religiones y filosofías orientales. Había estudiado todas las doctrinas de esos tres hombres que ahora se burlaban de mí y decían: "Hasta aquí llevamos al hombre: ¡LA MUERTE!" Entendí que este era el final de mi vida, y la preparación que tuve en mi antigua escuela dominical me recordó que yo me iba al infierno.

En ese momento apareció Jesús, tan resplandeciente que todas las apariciones demoníacas se desvanecieron. "Michael", dijo, "tú creías en mí, pero nunca me recibiste." Lloré y le pedí a Dios que me perdonara mis pecados y la vida libertina que había llevado.

Bueno, no quiero exagerar el drama de esta visión de Jesús ni que pienses que tuve una revelación estilo isla de Patmos como el apóstol Juan; no fue así. La visión fue simple, apacible y enormemente brillante, pero lo que siguió fue horrible.

Hasta la fecha, veintisiete años más tarde, no sé qué pasó pero creo que sentí un revólver apoyado en mi cabeza seguido por una explosión. Pensé que me habían volado la cara. Le rogué a la gente de la habitación que me llevara al hospital porque "tenía un hoyo en mi cabeza". Recuerdo las expresiones confundidas de las caras de todos, lo que me hace creer que eso pasó solamente dentro de mi torturado cerebro.

En la semana siguiente me fui a un hospital de la localidad para que me examinaran y ver si estaba bien. Busqué consejería con ansiedad; quería estar sano. Quería seguir adelante con mi vida y ser productivo. Me mandaron a un consejero que trabajó conmigo durante diez meses para ayudarme a tomar conciencia que, en realidad, no me habían disparado y que estaba vivo. Entonces me pasé siete meses en terapia de grupo, relacionándome con otras personas.

Mi problema era decididamente único para el grupo: ellos nunca habían conocido antes a un hombre muerto. Me ayudó a relacionarme y darme cuenta de "bueno, estoy vivo, pero ¿por qué mi cara siempre desaparece cuando me estoy afeitando? ¿Por qué cada noche vuelvo a vivir esa explosión?" No lo sabía, pero Dios ya tenía en marcha un plan que me sanaría: un plan tan maravilloso que lo usaría para sanar no sólo a mí sino a miles más.

El *Jesus Movement* [Movimiento Jesús] acababa de comenzar y metí mi nariz en la carpa como un camello. Antes de darme clara cuenta, estaba totalmente adentro de la carpa. Jesús estaba moviéndose, recogiendo a todos sus corderos que se habían perdido en el movimiento hippie. Michael MacIntosh estaba afortunadamente en su lista. Le di mi corazón a Jesús en la Capilla Calvario, de Costa Mesa, California. El Espíritu Santo me bautizó con el amor de Dios una noche, y desde entonces nunca fui el mismo hombre.

Un mes después fui a la reunión de oración de los hombres de la Capilla Calvario. Pasé al frente y le conté mi historia al pastor Chuck Smith. Yo sabía que era salvo. Sabía que iba al cielo. Sólo que seguía teniendo estas alucinaciones retroactivas. Todavía no estaba totalmente seguro si eran un sueño o si realmente me habían disparado y estaba viviendo en el infierno.

Chuck y los líderes de la iglesia me impusieron las manos en la cabeza y hombros y me ungieron con aceite como lo ordenan las Escrituras. Entonces Chuck oró por mí. Mientras oraba vi, en mi mente, lo que parecía ser una carga eléctrica, como un rayo que salía arqueándose desde el lado izquierdo de mi cerebro hacia el lado derecho. Entonces una voz queda y calma dijo: "Michael, no te he dado el espíritu de cobardía sino de amor, de poder y de dominio propio."

Supe al instante que había sido sanado. Esa voz queda y calma citaba 2 Timoteo 1:7. Dios había usado la oración de su ministro, un versículo de la Biblia y el milagro del Espíritu Santo para sanarme de un probable daño cerebral, psicológico a la vez que fisiológico. Me caí de bruces al suelo alfombrado y lloré. Me percaté que sabía que estaba sano. Después de dos años de pensar que estaba muerto, era como si me despertara de una pesadilla horrible. ¡Dios me había sanado!

Desde entonces nunca he tenido una alucinación retroactiva ni una recurrencia de esos horrendos pensamientos que el diablo usó para tratar de destruirme. Sé cuán afortunado soy porque hay millones de personas que han tenido "viajes malos" causados por drogas sin que nunca se hayan recuperado de las alucinaciones retroactivas ni hayan recuperado su sano juicio. Muchos siguen en los hospitales; otros, sencillamente, no son miembros productivos de la sociedad y viven de los subsidios de beneficencia. Incluso hay otros que murieron debido a una dosis excesiva, mientras que otros no pudieron tolerar la vida con tanto dolor y daño y se suicidaron.

En medio de mis luchas busqué consejería para curar y vendar la herida de mi alma. Tuve un psicólogo muy comprensivo que me vio cada semana durante casi dos años. Él hizo todo lo que pudo pero no fue suficiente. Acumulé una tremenda cuenta con él que no podía pagar porque en esa época no trabajaba.

Luego de dar mi vida a Jesús, volví a su oficina para disculparme con él y le di diez dólares para abonar mi cuenta. Me pidió que lo pusiera al día. Le conté que estaba bien y que había vuelto a nacer. Él me pidió que le explicara qué quería decir eso. Luego de oírme, dijo: "Michael, voy a llamar a la oficina de cobros y les diré que anulen su pleito contra ti."

"Pero yo quiero ir pagando la cuenta poco a poco", dije.

"No", replicó, "es evidente que algo te ha pasado que cambió tu vida para bien, y obviamente que no es algo que yo haya hecho. No me debes nada. Me alegro por ti."

Cuando esa conversación ocurrió, yo llevaba tres meses leyendo diariamente la Biblia y orando. Dios estaba desempeñando uno de sus tremendos títulos: el de Admirable Consejero.

El admirable consejero

Dios es aquel al cual tienes que ir para buen consejo. Los siguientes tres pasajes dejan eso muy claro:

Porque un niño nos es nacido, hijo nos es dado, y el principado sobre su hombro; y se llamará su nombre Admirable, Consejero, Dios fuerte, Padre eterno, Príncipe de paz (Isaías 9:6).

¿Quién enseñó al Espíritu de Jehová, o le aconsejó enseñándole? (Isaías 40:13).

Miré, y no había ninguno; y pregunté de estas cosas, y ningún consejero hubo; les pregunté, y no respondieron palabra (Isaías 41:28).

Estos versículos nos dan tres razones firmes del porqué necesitamos consejería bíblica buena y sana. Primero, en la profecía del nacimiento de Cristo que está en Isaías 9:6, se nos dice que dos aspectos de su nombre glorioso significan "admirable" y "consejero". Nadie puede dar mejor consejo que Él. Él nos conoce a fondo y sabe justamente qué necesitamos y cómo tenemos que recibirlo. ¡Su Consejo es verdaderamente admirable!

Segundo, recuerda siempre que Dios no necesita instructores; Él no tiene base freudiana. Él es el Todopoderoso y como Él te hizo, es muy capaz de reparar tu corazón roto.

Tercero, recuerda que a menudo el hombre no tiene la respuesta completa para tu necesidad. Necesitamos un buen equilibrio en la consejería. Dios usa decididamente hombres y mujeres buenos para darnos consejo, sabiduría y entendimiento penetrante, pero sin duda tiene que ser la Palabra de Dios la que ponga su tierno toque en tu alma. Por favor, mientras vendas la herida permite que el santo consejo sea una parte de la medicina y del vendaje. No puedes conseguir un vendaje mejor para tu herida.

La opción definitiva

El libro de Jueces narra que la tribu de Dan andaba buscando la zona apropiada para vivir. En esa tribu había un hombre llamado Micaía que había contratado a un joven para que fuera su sacerdote personal. Cuando los dirigentes de los danitas vieron al sacerdote dijeron: "Pregunta, pues, ahora a Dios, para que sepamos si ha de prosperar este viaje que hacemos" (Jueces 18:5). Y el sacerdote replicó: "Id en paz; delante de Jehová está vuestro camino en que andáis" (Jueces 18:6).

La Palabra del Señor es la opción definitiva de la consejería. Es crucial escuchar lo que Dios tiene que decir sobre tu herida. Después de todo, Él te ama más que nadie, y Él conoce el dolor que sientes. Hallarás que la Biblia tiene miles de palabras que suavizan y consuelan y dan consejo inapreciable.

Se sabe que hay mucha gente que ofrecerá "mostrarte el camino"... por doscientos dólares por hora. La pregunta que se debe hacer es esta: ¿Es la dirección que sugiere el consejero el camino correcto? A menudo el torbellino de nuestras vidas nos hace dar vueltas y nos sentimos desorientados. Debemos obtener buenas instrucciones o podremos seguir perdidos por mucho tiempo.

Recién leí una historia de Fred Haynes, un pastor de la Iglesia de la Amistad, en Dallas, Tejas, que en un vuelo a Missouri se desanimó cuando halló que su asiento de la sección económica ya estaba ocupado por otro pasajero. Su preocupación se transformó rápidamente en deleite cuando la aeromoza lo llevó a un asiento vacío de la primera clase. Sin embargo, poco le duró el deleite a Fred pues supo que el avión iba para otra ciudad y que no iba a cumplir su compromiso en una conferencia. Después reflexionaba: "El diablo te da feliz un asiento en primera clase siempre que estés en el vuelo equivocado."

De igual manera debemos ser cautelosos al elegir consejero. Algunas personas bien intencionadas dan consejo como una veleta en el techo de un granero: te orientarán a cualquier dirección en que sople el viento. El apóstol Pablo nos advirtió sobre los "vientos de doctrina". Debemos buscar y seguir el consejo santo y firme. Conozco por lo menos una persona del Antiguo Testamento que se hubiera beneficiado siguiendo este consejo.

El ejemplo de Naamán

Naamán era un soldado importante que sufría una enfermedad de la piel (la versión de la Biblia King James [Rey Santiago] la llama lepra). Él no era judío pero fue a Israel a ser curado. Ahí luchó con sus emociones. Al leer la historia es fácil ver que su desfrenado orgullo personal casi le impidió recibir su curación. Su problema era que el fanatismo vivía en su corazón, disfrazado de nacionalismo o patriotismo. Lee su historia en 2 Reyes 5:1-15 para ver si puedes identificar algo tuyo ahí:

Naamán, general del ejército del rey de Siria, era varón grande delante de su señor, y lo tenía en alta estima, porque por medio de él había dado Jehová salvación a Siria. Era este hombre valeroso en extremo, pero leproso (versículo 1).

Fíjate el calibre de hombre que era Naamán. A pesar de su fuerte liderazgo y de sus cualidades de héroe, tenía un problema físico. La palabra hebrea traducida "lepra" se usaba para designar varias enfermedades de la piel, no necesariamente lepra. Pero cualquiera que fuese su enfermedad, lepra u otra cosa, era una prueba real que le causaba mucho sufrimiento a este hombre:

Y de Siria habían salido bandas armadas, y habían llevado cautiva de la tierra de Israel a una muchacha, la cual servía a la mujer de Naamán. Esta dijo a su señora: Si rogase mi señor al profeta que está en Samaria, él lo sanaría de su lepra (versículos 2,3).

¿No es hermoso ver a esta joven que comparte su fe con la esposa de este personaje nacional? Cuando crees en Dios siempre debes compartir con el prójimo el amor de Dios por la gente. Quizá tengas un amigo en la escuela o en el trabajo que necesite saber que Dios está vivo y que puede curar heridas y dolores. Si es así, ¿no le hablarías de Él a esta persona?

Entrando Naamán a su señor, le relató diciendo: Así y así ha dicho una muchacha que es de la tierra de Israel. Y le dijo el rey de Siria: Anda, vé, y yo enviaré cartas al rey de Israel. Salió, pues, él, llevando consigo diez talentos de plata, y seis mil piezas de oro, y diez mudas de vestidos. Tomó también cartas para el rey de Israel, que decían así: Cuando lleguen a ti estas cartas, sabe por ellas que yo envío a ti mi siervo Naamán, para que lo sanes de su lepra. Luego que el rey de Israel leyó las cartas, rasgó sus vestidos, y dijo: ¿Soy yo Dios, que mate y dé vida, para que éste envíe a mí a que sane un hombre de su lepra? Considerad ahora, y ved cómo busca ocasión contra mí. Cuando Eliseo el varón de Dios oyó que el rey de Israel había rasgado sus vestidos, envió a decir al rey: ¿Por qué has rasgado tus vestidos? Venga ahora a mí, y sabrá que hay profeta en Israel. Y vino Naamán con sus caballos y con su carro, y se paró a las puertas de la casa de Eliseo. Entonces Eliseo le envió un mensajero, diciendo: Vé y lávate siete veces en el Jordán, y tu carne se te restaurará, y serás limpio. Y Naamán se fue enojado, diciendo: He aquí yo decía para mí: Saldrá él luego, y estando en pie invocará el nombre de Jehová su Dios, y alzará su mano y tocará el lugar, y sanará la lepra.

(versículos 4-11)

He aquí una buena lección que aprender. Como dijo Pedro en Hechos: "Dios no hace acepción de personas" (ver Hechos 10:34). Naamán se figuró que como él era una persona importante y grande en su tierra, todos los de Israel lo tratarían con el honor debido a uno de su nivel. Nosotros también podemos ser influyentes en nuestros pequeños círculos; pero en el cielo, Dios es el centro de atención. Fíjate lo que dijo Naamán:

Abana y Farfar, ríos de Damasco, ¿no son mejores que todas las aguas de Israel? Si me lavare en ellos, ¿no seré también limpio? Y se volvió, y se fue enojado.

(versículo 12)

He aquí ese orgullo "nacionalista-patriótico" del que hablé antes. Realmente es fanatismo. Él tenía sirvientes judíos, ¿por qué tenía que meterse en un río judío? Pero si él iba a ser curado, este orgullo tenía que desaparecer. Dios no compartirá su gloria con nadie más:

Mas sus criados se le acercaron y le hablaron diciendo: Padre mío, si el profeta te mandara alguna gran cosa, ¿no la harías? ¿Cuánto más, diciéndote: Lávate, y serás limpio? (versículo 13).

Afortunadamente para Naamán, sus siervos tenían una sabiduría que él no podía negar. Pienso que probablemente la mayoría de nosotros somos un poco como Naamán. Si el mensaje está revestido en la jerga de la Asociación Médica Norteamericana o recubierto con palabras complejas y largas, y nos es dado por un hombre o mujer vestido con un delantal blanco de médico y con un estetoscopio colgando del cuello, entonces tiene que ser oficial. Si el procedimiento va a costar mucho dinero, entonces tiene que ser eficaz. Pero, a menudo, eso se opone a la manera con que Dios suele curar y vendar las heridas de nuestras vidas.

Porque mis pensamientos no son vuestros pensamientos, ni vuestros caminos mis caminos, dijo Jehová. Como son más altos los cielos que la tierra, así son mis caminos más altos que vuestros caminos, y mis pensamientos más que vuestros pensamientos (Isaías 55:8,9).

El poderoso varón de Siria debería agradecer que sus siervos pudieran imbuir cierta sensatez a su jefe.

En igual forma, nuestras mentes pragmáticas y conservadoras necesitan un empujón esporádicamente que nos recuerde que Dios manda. La mayoría de nosotros parece pensar que si Dios manda entonces tiene que haber una especie de gran espectáculo, una producción teatral grande, acompañando lo que Él hace. Eso es ciertamente lo que pensó Naamán. Sin embargo, Dios no actúa a menudo con fuegos artificiales ni escritos en el cielo sino por intermedio de medidas silenciosas y corrientes. Naamán halló la verdad cuando, por fin, se calmó lo suficiente para probar las instrucciones del profeta:

El entonces descendió, y se zambulló siete veces en el Jordán, conforme a la palabra del varón de Dios; y su carne se volvió como la carne de un niño, y quedó limpio (versículo 14).

¡Se cumplió justo como había dicho el profeta! Sin fuegos artificiales, sin rayos del cielo. Pero cuando Naamán estuvo dispuesto a hacer lo que Dios había mandado, recibió su sanidad. No sé qué método tenga reservado Dios para ti; pero, créeme, Dios actuará por ti si sólo le dejas que obre en su tiempo y a su modo.

Y volvió al varón de Dios, él y toda su compañía, y se puso delante de él, y dijo: He aquí ahora conozco que no hay Dios en toda la tierra, sino en Israel (versículo 15).

Naamán estaba agradecido por lo que Dios había hecho por él. Quería que todos supieran que el Dios de Israel era verdaderamente el Dios vivo. Fíjate también que no sólo desapareció la lepra sino que también su orgullo y fanatismo. Dios usará frecuentemente un aspecto de nuestra vida justamente para tratar tres o cuatro más. Naamán fue librado de mucho más que la lepra; recibió un corazón blando y tierno para con Dios.

Deja que Dios haga esto por ti también. Él quiere curar y vendar tu herida. No te resistas a Él. No tiene sentido.

Resistir el toque de Dios

En ninguna parte vemos un mejor ejemplo de alguien que resiste la mano sanadora de Dios que en la historia del hombre del estanque de Betesda. La palabra *Betesda* era de origen arameo. Significaba "casa de misericordia" o "aguas corrientes".

Esta piscina estaba ubicada en Jerusalén, cerca de la Puerta de las Ovejas. Debido a que sus aguas tenían poderes curativos, era visitada por gente de todo Israel, que esperaban una cura, un milagro. Estoy seguro que yo hubiera estado en la multitud esperando sanidad. Después de todo, se difundía por Israel testimonio tras testimonio de las muchas personas que habían sido sanadas. Así es cómo el apóstol Juan nos cuenta lo que pasó:

> *Y hay en Jerusalén, cerca de la puerta de las ovejas, un estanque, llamado en hebreo Betesda, el cual tiene cinco pórticos. En estos yacía una multitud de enfermos, ciegos, cojos y paralíticos, que esperaban el movimiento del agua. Porque un ángel descendía de tiempo en tiempo al estanque, y agitaba el agua; y el que primero descendía al estanque después del movimiento del agua, quedaba sano de cualquier enfermedad que tuviese. Y había allí un hombre que hacía treinta y ocho años que estaba enfermo. Cuando Jesús lo vio acostado, y supo que llevaba ya mucho tiempo así, le dijo: ¿Quieres ser sano? Señor, le respondió el enfermo, no tengo quien me meta en el estanque cuando se agita el agua; y entre tanto que yo voy, otro desciende antes que yo. Jesús le dijo: Levántate, toma tu lecho, y anda. Y al instante aquel hombre fue sanado, y tomó su lecho, y anduvo. Y era día de reposo aquel día.*
>
> (Juan 5:2-9)

Siempre he hallado interesante que como respuesta a la pregunta de Jesús el hombre tuviera una excusa del porqué no era sanado. Jesús no estaba interesado en el por qué no era sanado; Él estaba sencillamente interesado en sanarlo. El hombre resistió la presencia de Dios y trató de razonarlo todo por sí mismo.

¿Podría ser que tú también estés resistiendo y apoyándote en tu propio entendimiento? ¿Podría tu orgullo estar impidiendo que hagas algo tan simple como confiar que Dios quiere curar tus heridas y sanarte?

Hoy es un gran día para dejar que Dios te toque. Un nuevo día, un nuevo camino. Ese el camino de Dios. Quizá este sea un buen momento para que ores. Pregunta al Señor si alguna resistencia a Él obra en tu vida. Quizá la resistencia sea tu orgullo. Te avergüenza pedirle a Dios que sane y vende tu herida. Te ves como una persona fuerte y no crees que te haría bien confiar ahora en Dios. Mucha gente en el paso de los años me ha dicho que no es bueno que hayan llevado vidas egoístas y ahora, cuando realmente necesitan ayuda, clamen al Señor. Dicen que los hace sentirse como hipócritas. ¿Por qué debiera Dios ayudarles ahora? Quizá también tú te sientas un poco así, pero eso es solamente tu orgullo. Si Dios quiere perdonarte y tratar tus heridas, eso es cosa de Él, ¿no te parece? ¿Te acuerdas del antiguo refrán: "A caballo regalado no le mires el diente"? Bueno, puede aplicarse justamente aquí también. La gracia de Dios es un regalo. Recíbelo con los brazos abiertos: después de todo es gratis.

Ve al Señor

Hace varios años el autor Dave Hunt escribió un éxito de librería, un libro titulado *The Seduction of Christianity* [La seducción del cristianismo]. En ese libro declara la gran necesidad que hay de consejería buena, sana e inspirada por Dios. El señor Hunt cree que hay demasiada gente que se mete en religiones raras y desviadas del cristianismo simplemente por no buscar guía en la Biblia.

Sabiendo hace dos mil años que la gente necesitaría orientaciones para sus vidas, Jesús dijo: "Yo soy el camino, y la verdad, y la vida. Nadie viene al Padre, sino por mí" (Juan 14:6). Te insto a que no sólo te busques un consejero bueno y competente sino que también busques consejo directamente en la Palabra de Dios.

La Biblia es una gran fuente para ayudarnos a encontrar un cura para nuestros problemas por variados y diversos que sean. En la Biblia hay ayuda para desórdenes emocionales, espirituales y hasta mentales. Tiene historias de toda clase de gente en toda situación imaginable. Las vidas de estas personas suelen ser paralelas a las nuestras.

A menudo he hallado que la historia que estoy leyendo en un momento dado podría ser fácilmente mi historia. Las circunstancias se alinean exactamente con las circunstancias que yo estoy enfrentando. De hecho, si saco el nombre de la persona que sufre y pongo el mío, la historia encaja con la experiencia de mi vida real. Sin duda que hallarás que lo mismo te sucede a ti.

9

Beber en el poder de Dios

El toque tierno de Dios

Cuando estamos doloridos y nos cuesta mucho encontrar socorro, orar es una reacción natural: algo que yo respaldo de todo corazón. Pero algunos norteamericanos creen que no significa nada si uno ora o no. Aun si ellos oraran, dicen, no están seguros de que Dios les escuche, mucho menos que responda a favor de ellos.

Una encuesta realizada por Barna Research Group [Grupo Barna de Investigaciones] descubrió que casi el noventa por ciento de los norteamericanos oran a Dios y el sesenta por ciento lo hacen diariamente. El sesenta y uno por ciento de los que oran formulan pedidos específicos a Dios y el cuarenta y seis por ciento escucha silenciosamente una respuesta personal.[1]

---

1. George Barna, Barna Research Group.

La encuesta halló que era menos probable que los de veintiocho a cuarenta y seis años de edad (los de la generación de los sesenta) y los adultos que matan bebés (la generación siguiente), se pusieran a orar o esperaran respuestas de Dios. Los que no van a la iglesia oran con menor frecuencia y con menos seguridad; el sesenta y tres por ciento de la gente que no va a la iglesia oran habitualmente, lo que se compara con el ochenta y dos por ciento de todos los norteamericanos; y sólo el treinta y cuatro por ciento de los que no van a la iglesia, están seguros que sus oraciones tienen importancia: tasa inferior en veintidós por ciento a la de todos los norteamericanos.

La encuesta dice que era más probable que los "nacidos de nuevo" interrogados "vieran a Dios como digno de su alabanza (ochenta y cuatro a cincuenta y cuatro por ciento); como capaz de perdonarlos de sus pecados (ochenta y seis a sesenta y ocho por ciento); y como que responde personalmente a sus oraciones (sesenta y ocho a cincuenta y cinco por ciento)." Barna dijo que los que no ven de estas maneras a Dios siguieron orando, aun habitualmente, pero sus oraciones reflejaban "acción de gracias más que una gama completa de maneras de relacionarse a Dios". De todos los consultados, el noventa y cinco por ciento ora dando gracias a Dios, y el setenta y seis por ciento le pide que perdone pecados específicos.

Un regalo mal entendido

La oración es uno de los regalos menos entendidos y más mal ejercidos que el Creador haya dado a sus hijos. La oración, manejada correctamente, es el recurso óptimo que tenemos cuando nos enfrentamos con crisis y dolor. Es el recurso divino que permite que el consuelo, entendimiento y aceptación fluyan por nuestras vidas durante nuestros momentos más duros.

Yo llevo años orando por la oportunidad de predicar el evangelio a un millón de personas en la Plaza Tiananmen,

Pekín, China. Una noche hablé de eso con el obispo Teng, durante una cena en Nankín. Él dijo: "Hoy no, Michael, pero quizá algún día." Sería maravilloso hacerlo y aun mejor si yo pudiera hablar chino. Lo más que he aprendido a decir hasta ahora es: "Hola, ¿cómo está?" y "gracias". El idioma parece muy complicado y muy difícil de leer o hablar. Vaya, la sola inflexión de la voz al decir una palabra te puede dar un apretón de manos o una bofetada.

He aprendido que el idioma chino tiene una palabra sugestiva y retadora que habitualmente se traduce al inglés como "crisis". La palabra se escribe combinando dos caracteres: "peligro" y "oportunidad". Se pronuncia *guaygii*. La situación peligrosa que uno enfrenta es realmente una oportunidad. La mejor forma de aprovechar la oportunidad es orar y ver qué dice el cielo al respecto.

Las puertas del cielo siempre están abiertas para la oración. Bob Dylan cantaba una canción que repite varias veces: "Golpea, golpea, golpea la puerta del cielo." La respuesta de Dios es: "Entra, la puerta está abierta." Echemos un vistazo dentro del cielo por medio de las Escrituras y veamos cómo se ven tus oraciones al subir desde la tierra.

Un vistazo dentro del cielo

La Biblia está repleta de pasajes sobre la oración y el poder de la oración contestada. Dios quiere que tú uses este poder de la oración para acercarte más a Él y conocer su amor por ti. La oración es una clave poderosa de la sanidad. Santiago pensó que era tan importante que terminó su epístola diciendo a la comunidad cristiana qué tenía que hacer tocante al dolor, la enfermedad, la molestia y las aflicciones:

> *¿Está alguno entre vosotros afligido? Haga oración. ¿Está alguno alegre? Cante alabanzas. ¿Está alguno enfermo entre vosotros? Llame a los ancianos de la iglesia, y oren por él, ungiéndole con aceite en el nombre del Señor. Y la oración de fe salvará al enfermo, y el Señor lo levantará; y si hubiere cometido*

> *pecados, le serán perdonados. Confesaos vuestras ofensas unos a otros, y orad unos por otros, para que seáis sanados. La oración eficaz del justo puede mucho* (Santiago 5:13-16).

Conforme a estos versículos podemos hacer mucho para recibir nuestra sanidad. Podemos orar, confesar nuestros pecados, orar por el prójimo, llamar a los líderes de la iglesia, pedirles que oren por uno, que nos unjan con aceite, y que nos impongan las manos. Eso es mucho. La oración funciona y la oración te dará una fuerza interior grande y profundizará tu relación con Dios. Él es el gran sanador y te oirá cuando oras. Recuerda que fue Jesús quien dijo:

> *Vuestro Padre sabe de qué cosas tenéis necesidad, antes que vosotros le pidáis* (Mateo 6:8).

> *Pedid, y se os dará; buscad, y hallaréis; llamad, y se os abrirá* (Mateo 7:7).

> *Y todo lo que pidiereis en oración, creyendo, lo recibiréis* (Mateo 21:22).

Y todo lo que pidiereis al Padre en mi nombre, lo haré, para que el Padre sea glorificado en el Hijo (Juan 14:13).

Si tú y yo no podemos confiar en las palabras de Jesús, entonces tenemos un verdadero problema. Si podemos creerlas completamente (y claro que podemos) entonces tendremos socorro verdadero para nuestros problemas.

Nuestras oraciones tienen importancia vital para Dios. Son preciosas para Él y las toma con mucho más seriedad de lo que podemos imaginar. El libro del Apocalipsis nos da unas nociones interesantes acerca de la forma en que Dios ve nuestras oraciones:

> *Y cuando hubo tomado el libro, los cuatro seres vivientes y los veinticuatro ancianos se postraron delante del Cordero; todos tenían arpas, y copas de oro llenas de incienso, que son las oraciones de los santos* (Apocalipsis 5:8).

Otro ángel vino entonces y se paró ante el altar, con un incensario de oro; y se le dio mucho incienso para añadirlo a las oraciones de todos los santos, sobre el altar de oro que estaba delante del trono.

(Apocalipsis 8:3,4)

Estos versículos retratan nuestras oraciones como metidas en vasos de oro en el cielo. Las oraciones de los santos son inmensamente preciosas para Dios. Estos vasos son descritos en el griego original como "cuencos anchos y bajos" o "platos hondos". Qué maravilloso es saber que, a veces, nuestras oraciones son cortas y específicas; que pueden llenar un plato llano. Por otro lado, el cuenco es ancho y puede contener muchas oraciones cortas que tenemos para el Señor. El plato hondo nos dice que habrá momentos en que necesitamos alargar y ahondar nuestras oraciones al Señor.

Qué retrato glorioso vislumbramos aquí. Ángeles, música, perfume fragante, utensilios de oro: algo en qué reflexionar. Imagínate: tus oraciones son tan importantes que reciben un trato real, siendo personalmente entregadas al mismo Dios. Esto de por sí es razón para empezar a orar hoy.

¿Con qué prontitud serán contestadas mis oraciones?

¿Cuánto demoran nuestras oraciones para llegar al cielo? Podemos empezar por contestar esa pregunta mirando la vida de oración de un gran estadista y profeta llamado Daniel. La oración fue parte de su vida diaria. Hasta los enemigos de Daniel sabían que él era un hombre de oración. De hecho, los dirigentes babilónicos fueron al rey Darío con un plan cuya intención fue ocultada al rey. Ellos halagaron al rey y dijeron: "Cualquiera que en el espacio de treinta días demande petición de cualquier dios u hombre fuera de ti, oh rey, sea echado en el foso de los leones" (Daniel 6:7). Las Escrituras siguen contando sobre esta conspiración:

EL TOQUE TIERNO DE DIOS

> *Cuando Daniel supo que el edicto había sido firmado, entró en su casa, y abiertas las ventanas de su cámara que daban hacia Jerusalén, se arrodillaba tres veces al día, y oraba y daba gracias delante de su Dios, como lo solía hacer antes. Entonces se juntaron aquellos hombres, y hallaron a Daniel orando y rogando en presencia de su Dios* (Daniel 6:10,11).

Daniel no permitió que nada ni nadie se interpusiera entre él y su comunicación diaria con Dios. Sin duda que conoces el resto de la historia. Los conspiradores habían preparado un pozo de leones para que se comieran a cualquiera que se atreviera a desobedecer al rey. Por supuesto que insistieron que el rey Darío no hiciera excepciones y arrojara a su leal siervo a los leones. Reacio, lo hizo pero Daniel venció, luego de pasar una noche en el pozo de los leones le dijo al rey que Dios había enviado un ángel del cielo para cerrar la boca de éstos.

¿No es maravilloso saber que los hombres de oración tienen un Dios fiel que los cuida? No importa cuáles sean las suertes en contra de nosotros; Dios intervendrá y vencerá por sus hijos.

Más adelante, la oración en la vida de Daniel vuelve a ayudarle a atravesar por tiempos difíciles. En el capítulo 9 nos cuentan de una visita del ángel Gabriel:

> *Aún estaba hablando y orando, y confesando mi pecado y el pecado de mi pueblo Israel, y derramaba mi ruego delante de Jehová mi Dios por el monte santo de mi Dios; aún estaba hablando en oración, cuando el varón Gabriel, a quien había visto en la visión al principio, volando con presteza, vino a mí como a la hora del sacrificio de la tarde. Y me hizo entender, y habló conmigo, diciendo: Daniel, ahora he salido para darte sabiduría y entendimiento. Al principio de tus ruegos fue dada la orden, y yo he venido para enseñártela, porque tú eres muy amado. Entiende, pues, la orden, y entiende la visión* (Daniel 9:20-23).

¡Qué maravilloso es ver que la oración puede mover a Dios a enviar ángeles para darnos ánimos! Gabriel nos dice en el versículo 23 que fue al comienzo de la súplica de Daniel que Dios lo envió.

Miremos ahora un ejemplo más de la venida de Gabriel a Daniel. Se halla en el capítulo 10:

> *Entonces me dijo: Daniel, no temas; porque desde el primer día que dispusiste tu corazón a entender y a humillarte en la presencia de tu Dios, fueron oídas tus palabras; y a causa de tus palabras yo he venido. Mas el príncipe del reino de Persia se me opuso durante veintiún días; pero he aquí Miguel, uno de los principales príncipes, vino para ayudarme, y quedé allí con los reyes de Persia* (Daniel 10:12,13).

El versículo 12 nos dice que Dios reaccionó a las oraciones de Daniel en el primer día en que él pidió socorro. Así de rápido puedes esperar una reacción de Dios. Fíjate que dije *reacción*, no *respuesta*. A veces puede que no veamos la respuesta de nuestras oraciones por un tiempo pero eso no significa que Dios no haya reaccionado.

El versículo 13 nos habla de la interceptación demoníaca de Gabriel. En alguna parte entre la sala del trono de Dios y la sala de oración de Daniel, el diablo hizo lo mejor que pudo para impedir que el cielo llegara a la tierra. Al final, Gabriel derrotó a este "príncipe de Persia" y entregó su mensaje a Daniel. Siempre debemos recordar que el diablo es real y tratará de usar las respuestas diferidas a la oración para mantenerte lejos de Dios. Pero, al final, Dios siempre hace llegar su ayuda. La oración te trae un tremendo apoyo del cielo. No repares en usarla más a menudo.

Viaje al mundo de la oración

Mucha gente piensa que la oración es un rito pero si eso fuera cierto, entonces la oración sería algo sólo para sacerdotes, pastores y santos. Claramente es mucho más que eso. Una historia que oí lo ilustra.

EL TOQUE TIERNO DE DIOS

Durante la Segunda Guerra Mundial un joven soldado que combatía en Italia saltó dentro de una trinchera, justo por delante de unas balas. Inmediatamente trató de profundizar el agujero para mayor protección y arañó frenéticamente la tierra con sus manos. Mientras cavaba desenterró algo metálico que resultó ser un crucifijo de plata, dejado atrás por un anterior ocupante del hoyo. Un momento después, otro hombre saltó dentro del agujero y aterrizó encima del joven, mientras las balas pasaban aullando por encima de sus cabezas. Cuando el soldado pudo mirar, vio que su nuevo compañero era un capellán del ejército. Mostrando el crucifijo, el soldado musitó: "¡Qué contento estoy de verlo! ¿Cómo hace que esto funcione?"

¿Alguna vez te sientes como ese soldado? "¿Cómo hago que funcione esta cosa que se llama oración?" Es sencillo. Permite que sugiera cinco pasos muy fáciles que te permiten empezar tu viaje al mundo de la oración. Es hora que empieces a avanzar en rumbo a tu sanidad.

1. Reconoce que la oración es comunicación.
Cuando te comunicas haces dos cosas: hablas y escuchas. La oración es lo mismo. Es una comunicación de doble vía, no de una sola. Mucha gente piensa que orar es hablarle a Dios. Eso está bien a medias. La oración efectiva también incluye escuchar a Dios.

La gente ora debido a un gran gozo, una gran tristeza y desilusiones. La oración es comunicación: comunicación real y genuina entre una persona y Dios. Te animo a que leas los Salmos, que están llenos de oraciones, y busques ahí unos modelos para ti. En efecto, cuando leas Salmos en particular, hazlo con oración. Te sorprenderás por el monto de solaz y consuelo que hallarás, verás y escucharás.

2. La oración debe salir de tu corazón.
Jesús dijo: "Dios es Espíritu; y los que le adoran, en espíritu y en verdad es necesario que adoren" (Juan 4:24). ¿Cómo te sentirías si tus hijos te hablaran sin emoción, o si

expresaran sus pedidos como si estuvieran hablándole a una pared? La Biblia dice que Dios sabe lo que necesitamos aun antes que pidamos. Así que sé honesto con Él. No temas llorar o cantar o reír. La oración viene del corazón. Sé real contigo mismo y serás real con Dios.

3. La oración no es un rito, así que no hay una posición específica del cuerpo para orar.
Algunos creen que deben arrodillarse para orar. Otros piensan que deben ponerse de pie. Puede que tú creas que tienes que doblar tus manos y sentarte muy derecho.
¿Recuerdas cuando Jesús iba caminando sobre el agua en medio de una tempestad? Pedro clamó: "Señor, si eres tú, manda que yo vaya a ti sobre las aguas." Jesús le dijo a Pedro que viniera a Él. Pero al dar Pedro unos cuantos pasos quitó sus ojos de Jesús y empezó a hundirse. Lo que siguió fue, posiblemente, una de las oraciones más cortas de la historia: "¡Sálvame!", gritó Pedro. ¿Y sabes? Su oración fue escuchada y contestada.

4. No existe un momento "adecuado" para orar.
El apóstol Pablo enseñó que debemos: "Orad sin cesar" (1 Tesalonisenses 5:17). Algunos piensan que Dios está demasiado ocupado para que oremos muy a menudo. Otros piensan que la oración es buena solamente a las horas de comer, cuando estamos metidos en problemas o por la noche cuando nos vamos a dormir.
Había un niño que, como muchos niños, estaba acostumbrado a tener encendida una pequeña luz durante la noche en su dormitorio. Un día, sus padres decidieron que ya tenía suficiente edad para dormir a oscuras. Su madre le comunicó la decisión, lo arropó bien, apagó la luz y empezó a salir del cuarto. Desde la oscuridad él llamó: "¿Mamá, tengo que hacerlo?" Ella le dijo: "Sí, querido, ahora eres un niño grande." Hubo una pausa y él replicó: "Bueno, entonces, puedo levantarme y decir mis oraciones de nuevo, más alto?"

Ese niño pensaba que sus oraciones serían más efectivas si les daba más volumen. Pero Dios no es sordo ni duerme. Él oye nuestras oraciones cada vez que oramos en la medida que esas oraciones sean sinceras.

5. No se requieren palabras "especiales" para nuestras oraciones.

Hace poco Sandy y yo fuimos al servicio fúnebre en memoria de un amigo de toda la vida. El ministro leyó sus oraciones, recordándome que muchos servicios protestantes y católicos tienen una oración o liturgia estandarizada para cada ceremonia y rito.

¿Puede Dios responder oraciones litúrgicas? Seguro que sí, pero también creo que Él tiene más lugar para verter las bendiciones del cielo cuando la oración sale del corazón. Tú conoces tu dolor. Tú conoces la pérdida y la soledad. Tú sabes si estás dolido, enojado, decepcionado o hasta si te faltan las palabras. Dios sabe muy bien cómo te sientes, así que háblale con palabras verdaderas. ¿Será que tú no entiendes por qué esto tuvo que pasarte a ti? ¿No sabes por qué Dios permitió que surgiera esta o esa situación? Entonces háblale de eso. Nunca tienes que preocuparte que vayas a enojarlo por ser honesto acerca de tus emociones. En realidad, cuando te desahogas, vas a sorprenderte con las respuestas que descubras por medio de la oración.

Territorio desconocido

Es posible que no estés familiarizado con la oración. La oración es simple. Es productiva. Consigue resultados. Funciona. Puede que digas: "No conozco a Dios ¿Cómo puedo hablarle?" Realmente es muy sencillo.

Si estuvieras comprando zapatos nuevos y encontraras un par que te gusta, ¿no te acercarías a un vendedor a pedirle que te atienda? Si estuvieras en un barrio nuevo y no pudieras hallar la dirección que andabas buscando, ¿no le pedirías a un policía o a alguno de la calle que te ayudara? Si estuvieras en una biblioteca buscando materiales de investigación, ¿no es la bibliotecaria la primera persona a quien acudirías en pos de ayuda?

En todos esos casos el procedimiento es básicamente el mismo: las personas con quien hablas son desconocidas. No has tenido relación previa con ellas pero estás dispuesto a hablarles para que te ayuden a alcanzar tu meta.

¡Cuánto más con Dios! Sólo empieza a hablar; Él escucha. El profeta Isaías escribió estas palabras de Dios: "He aquí que no se ha acortado la mano de Jehová para salvar, ni se ha agravado su oído para oír" (Isaías 59:1). Él está oyendo y quiere saber de ti.

Toma tiempo para parar y orar ahora mismo: calladamente, con reverencia y pidiéndole al Señor que venga a ti con su consuelo como promete la Escritura. Deja que Él empiece en este mismo momento a tratar la herida de modo que pueda sanarte.

¡Ora, hagas lo que hagas!

Un día le pregunté a Billy Graham por su vida de oración personal. Me dijo que Dios le había enseñado a orar todo el día: en la ducha, manejando el automóvil, volando en un avión. Dijo, en efecto, que había pedido sabiduría a Dios mientras hablaba conmigo. Quería saber lo que podía decir o hacer para darme ánimos. Él oraba sin cesar. Naturalmente había oraciones por Ruth, su esposa. Había momentos en que él y Ruth se arrodillaban junto a la cama a orar específicamente uno por otro y a orar por sus cinco hijos y sus muchos nietos.

Esa fue la misma respuesta que me dio mi pastor Chuck Smith, cuando yo era un joven pastor interno. Ora sin cesar; ora específicamente pero, por sobre todo, ora.

Martín Lutero dijo una vez:

> Bueno es que la oración sea la primera ocupación de la mañana temprana y la última de la noche. Evita con diligencia los pensamientos falsos y engañosos que

dicen: *Oraré dentro de una hora; primero debo hacer esto o aquello.* Pues con tales pensamientos el hombre deja de orar porque está ocupado con algo que le retiene y enreda de modo que se pasa todo el día sin orar.

Mi abuela era una mujer cristiana muy firme. Vivió hasta los 86 años y era una intercesora muy dotada. Recibía un grupo de oración en su casa todas las semanas. Como cuatro años después de su muerte, yo me hallaba predicando en un estudio bíblico en Palm Springs, California. Una señora de edad se me acercó después, y me preguntó si me habían criado en Oregón. "Sí, así fue." Entonces la señora quiso saber si yo tenía una abuela que vivía en Eugene, Oregón. "Sí, así es. ¿Por qué me lo pregunta?" Ella me dijo que ella perteneció al grupo de oración de los miércoles por la mañana que tenía mi abuela, y que acostumbraban a orar por mí. Heme ahí, años después, enseñando la Biblia: largo tiempo después que esas queridas señoras oraron. Sin embargo, ¡sus oraciones fueron contestadas!

Mi abuela me pidió, antes de morir, que le prometiera que yo "llevaría el evangelio" a mi tío Jorge; éste y yo nunca habíamos sido muy cercanos. Él era un empresario sumamente exitoso que, a temprana edad, se había alejado de la fe de su madre y del deseo de ella que llegara a ser ministro y siguiera las huellas de su padre. Le prometí a la abuela que le hablaría del Señor al tío Jorge, pero nunca soñé que empezaría a cumplir esa promesa en el primer servicio fúnebre que dirigí: el de mi abuela. Prediqué el evangelio pero el tío Jorge no reaccionó.

La segunda oportunidad de "llevar el evangelio" al tío Jorge se presentó en el funeral de su tía. Nuevamente, sin reacción suya. En esa oportunidad me pareció que había cumplido mi obligación con la abuela, aunque no viera fruto. No me daba cuenta del poder de las oraciones de esa mujer, aun después de irse del planeta tierra al cielo, su hogar.

Un día yo fui a ver al tío Jorge a su casa, que distaba unos 150 kilómetros de la mía. Él estaba convaleciendo de una operación y como yo estaba en la zona, lo llamé como un favor a mi madre. Él me invitó a ir a verlo.

Durante mi infancia el tío Jorge era una figura intimidante para mí. Se erguía más de metro ochenta, tenía un cuerpo grande y el aspecto grave y real del vicepresidente de una empresa nacional grande. Él era "el tío rico". Yo era el muchacho que vivía en casas del gobierno. Nunca tuve mayor relación con él en el curso de los años, así que este viaje solitario a su casa era un poco tenso para mí.

Sin embargo, empecé a entender a este hombre al sentarme y escucharle hablar. Ahora ya jubilado, avanzados los sesenta, era encantador, muy inteligente y muy amable y agradable. Entonces, inesperadamente, la conversación giró hacia algo que, evidentemente, había tenido en mente por cierto tiempo.

"Mike, como yo conozco tu pasado, me interesa mucho saber qué te llevó a ser ministro. Como sabes, mi padre fue ministro y murió a los veintiséis años. Tu abuela siempre quiso que yo llegara a ser ministro. Por favor, háblame de eso."

Esta vez yo no estaba detrás del púlpito de una funeraria; estaba a menos de metro y medio de distancia de él, sentado en su cocina. Yo estaba seguro que las oraciones de la abuela tenían algo que ver con esta reunión.

Empecé por hablar de mi infancia (que él conocía), luego de mi adolescencia y de los veinte. Confesé repetidamente lo perdido y confundido que estaba y cuánto quería ser como los otros chicos que tenían papá. Describí la rabia y el rencor que llenaban mi joven corazón.

Entonces le hablé de Sandy y su amor por mí. Le hablé de la familia de ella y de cuánto me querían. Le conté cuánto éxito tenía el papá de Sandy, como el tío Jorge. Le dije de como por mí mismo no podía hacer nada y cómo el matrimonio se destrozó. Cuando llegué a la parte en que Jesucristo vino a mi vida, él interrumpió y dijo: "Me acuerdo de estas cosas de Jesús de la escuela dominical." Jorge había sido un empresario duro que dejó que su esposa se ocupara de la educación religiosa de los hijos, así que no estaba muy interesado en la parte religiosa de mi historia. Pronto se terminó nuestra conversación. Manejando de vuelta a casa, pensé que había cumplido por fin con mi obligación para con la abuela, aunque el tío Jorge seguía en sus pecados.

A los pocos años de mi reunión con el tío Jorge, él me llamó. Me preguntó si yo quería almorzar con él, en un lugar a mitad de camino de nuestras casas. Durante el almuerzo, hizo una pausa y dijo: "Mike, ¿quieres explicarme qué significa 'nacer de nuevo'?" Me quedé atónito. Lentamente le expliqué el capítulo tres del Evangelio de Juan, donde Jesús dijo que el hombre debe nacer de nuevo para entrar al reino de Dios.

Cuando terminé, era el momento del postre. Hablamos unos pocos minutos más y, entonces, después de pagar la cuenta y que limpiaran la mesa, Jorge, el ejecutivo, sacó una libreta de notas y dijo: "Por favor, dime de nuevo esos pasajes bíblicos de referencia. Y una vez más qué significa nacer de nuevo."

De vuelta a casa, yo iba asombrado de lo abierto y hambriento que estaba este hombre de estar seguro de la vida eterna. A criterio de su madre, se había desviado del "camino recto y angosto", descarriándose en pos de los grandes negocios y del mucho dinero, y había perdido su alma. Finalmente, yo había cumplido verdaderamente mi obligación con la abuela.

Poco después de nuestro almuerzo, el tío Jorge tuvo un ataque al corazón. Lo pusieron en la unidad de cuidado intensivo pues estaba en coma. Pasado el funeral, unos pocos días después, me di cuenta que durante muchos años la abuela le había pedido muy repetidamente a Jesús que salvara a su hijo fuerte e inteligente. No pasó en la vida de ella pero sí pasó en la de su nieto. Dios obró a través de tres generaciones para contestar completamente las oraciones fieles de una mujer.

Dar oportunidad a la oración

Durante los años sesenta, John Lennon se divorció de su esposa Cynthia y se casó con una artista japonesa llamada Yoko Ono. En su luna de miel dieron conferencias de prensa desde su lecho nupcial en el Hotel Hilton de Amsterdam, Holanda. La guerra del Viet Nam estaba en su apogeo. Había demostraciones en los campus universitarios y en las ciudades europeas, y batallas de trabajadores y estudiantes descontentos en las norteamericanas. John escribió una canción para el tema de su mensaje al mundo, titulada, "Da oportunidad a la paz".

Luego de llegar a ser cristiano, yo diseñé un cartel para pegar en el parachoques; tenía la figura de una paloma con una rama de olivo en el pico y las palabras: "Da oportunidad a Jesús". Hoy quisiera modificar eso y decir: "Da oportunidad a la oración". Realmente funciona, especialmente cuando se la dirige al gran sanador de las almas.

10

¡Limpio al fin!

El toque tierno de Dios

En 1842 se declaró que la primera bañera era un lujo y una "vanidad de la democracia". Boston declaró ilegal bañarse, salvo por prescripción médica. En 1843 Filadelfia declaró ilegal bañarse entre el primero de noviembre y el quince de marzo de cada año. Dadas estas leyes quizá podamos entender por qué fue tan popular en el siglo pasado aquel: "¡Vete al Oeste, joven!"

Estas leyes tontas me recuerdan la conducta de mucha gente de la actualidad. Cuando necesitan una limpieza espiritual a fondo, muchos prefieren tolerar el hedor de los pecados sin confesarse ante Dios. Ellos prefieren revolcarse en su inmundicia pecadora a gozar del lavado saludable y vigorizador de Dios. Sin embargo, nunca logran sanarse de esa manera y nunca serán librados de su herida.

Muchos de nosotros somos como el niño que rompió el vidrio de un farol de la calle. Muy turbado preguntó a su padre: "¿Qué haré?" "¿Hacer?", exclamó su padre, "vaya, debemos hacer la denuncia y preguntar cuánto tienes que pagar, y luego ir y pagar." Esta manera práctica de tratar el asunto no era lo que el niño buscaba, y se retractó, diciendo: "Yo... yo pensé que todo lo que tenía que hacer era pedirle a Dios que me perdone."

Si queremos lograr la sanidad y el alivio de muchas de las heridas que nos afligen, tenemos una parte importante que desempeñar en el proceso. Debemos ayudar en el tratamiento de nuestra herida. A veces, al tratar nuestras heridas lo más útil que podemos hacer es confesar y arrepentirnos.

Poco a poco

El pecado no suele ocurrir de una sola vez. Normalmente hay una progresión de pecado. El pecado nos va comiendo por dentro antes que se vea por fuera una sola mancha. El pecado se cobra su precio antes que la mancha sea vista por nuestro prójimo. Habitualmente logra su meta antes que sea visible. Santiago 1:13-15 dice:

> *Cuando alguno es tentado, no diga que es tentado de parte de Dios; porque Dios no puede ser tentado por el mal, ni él tienta a nadie; sino que cada uno es tentado, cuando de su propia concupiscencia es atraído y seducido. Entonces la concupiscencia, después que ha concebido, da a luz el pecado; y el pecado, siendo consumado, da a luz la muerte.*

Siempre es más fácil culpar a otra persona del pecado que cometemos, ¿no? Pero Dios no acepta eso de ninguna manera. Nosotros somos los culpables de nuestro pecado, no otra persona. Santiago dijo que somos atraídos y seducidos "de nuestra propia concupiscencia". Entonces, cuando mordimos el anzuelo, la lujuria concibe y da a luz al pecado. Entonces el pecado nos va comiendo como un cáncer, como una enfermedad mortal. El paso final es la muerte.

¡Limpio al fin!

Hace un rato estaba escuchando un estudio bíblico en la radio. El maestro hablaba de cómo sufrió un accidente y fue al médico para que lo tratara. Al intentar fijar la próxima cita, le informaron que tendría que esperar unos días porque el doctor iba a hacerse examinar un lunar negro que tenía en su estómago. Tres semanas después, cuando el hombre llamó para pedir turno, la recepcionista le dijo que el médico había muerto. Evidentemente, cuando el cirujano especialista abrió al médico para operarlo, lo volvió a cerrar y coser de inmediato. Le dijo al médico que pusiera sus cosas en orden porque estaba comido por el cáncer; murió a los dos días. Tenía treinta y ocho años de edad.

Así pasa con el pecado. Al pecado no le importa tu sexo. No le importa si eres soltero o casado, joven o viejo. El pecado no respeta a las personas. Puede que no veamos el daño que está haciendo por dentro en nuestras vidas hasta que un día vemos en la superficie algo fuera de lo corriente. No parece ser otra cosa que una mancha, así que la dejamos pasar por alto. El prójimo ve la mancha y también la ignora. ¿Por qué no? Todo el vecindario tiene alguna clase de mancha. Es aceptable para nuestro prójimo pero el pecado nunca es aceptable para Dios. Llega el momento, más tarde o más temprano, en que esa mancha se demuestra por lo que verdaderamente es y con gran rapidez descubrimos que nos llegó la hora.

Si tus relaciones se han empeorado, si tu empresa anda mal, si tu matrimonio es un desastre, ¿podría ser que algo fuera culpa tuya? ¿Podría ser que la ambición se posesionó de ti? ¿Que tú te aprovechaste de alguien para beneficio propio? ¿Que has tiranizado a alguien? De ser así, tienes que reconocer que has pecado y debes hacer dos cosas tocante al pecado.

Confiesa tu pecado

Primero, tienes que *confesar* tu pecado. ¿Qué significa eso? Sencillamente, admite tu falta a Dios. Decirle a Dios que pecaste no es cosa que lo tome por sorpresa. Él ya sabe lo que hiciste. La confesión demuestra tu respeto y sumisión a Dios; el alivio que viene con la confesión es sobrecogedor.

Un domingo, al final de un sermón, un hombre pasó al frente cuando invitaron a la gente para orar y confesar su pecado. Él estaba visiblemente turbado y conmovido por la convicción de pecado en su vida. Con las lágrimas en los ojos y voz temblorosa, le tomó la mano al pastor y quiso decirle que su vida estaba llena de pecado pero lo que salió fue: "Mi pecado está lleno de vida." En cuanto hubo hablado se dio cuenta de su error y lo cambió pero, en realidad, lo primero que dijo era la razón de lo segundo. Su pecado estaba lleno de vida y por eso su vida estaba llena de pecado. El primer paso para vérselas con ese pecado es el de confesarlo. Podemos darle gracias a Dios por la sangre de Jesucristo que es el remedio perfecto para el pecado.

Cuando nos presentamos delante del Señor y admitimos nuestro pecado, es como tratar la herida. Se ha aplicado un remedio para detener el daño. Evaluamos el problema y, luego, se lo encomendamos al Señor. A menos que lo hayas vivido, cuesta mucho creerlo pero son millones en todo el mundo que diariamente confiesan su pecado al Señor y experimentan este frescor.

El apóstol Juan prometió que: "Si confesamos nuestros pecados, él es fiel y justo para perdonar nuestros pecados, y limpiarnos de toda maldad" (1 Juan 1:9). La palabra "limpiarnos" de este pasaje nos vuelve a pintar el cuadro del tratamiento de nuestra herida. En sentido moral significa "liberarse de la culpa del pecado" y "purificar". Si puedes evaluar claramente tu situación, fíjate si el pecado está infestando tu vida. De ser así, confiésalo. Entonces, Dios puede limpiar esta herida con el bálsamo sanador del perdón.

Puede que estés luchando en este aspecto porque no puedes admitir que estás mal. El libro de Charles Colson, *Born Again* [Nacido de nuevo], detalla sus experiencias durante el caso Watergate. Colson describe en el libro uno de los problemas del presidente Nixon: Él nunca podía admitir que estaba equivocado en nada. En efecto, Colson dice que aunque Nixon estuviera evidentemente resfriado, con coriza, la cara enrojecida, estornudos, y todos los síntomas del catarro, nunca lo admitía.

No sigas ese ejemplo. No resistas la verdad que ahora mismo refulge en tu corazón. Confiesa tu pecado y asume la responsabilidad que es tuya. Yo no negaré que puede dolerte un poco pero te puedo garantizar que te ahorrará un torrente de dolor más tarde.

No hace mucho se cayó, con un ruido atronador, un enorme árbol en el estado de Colorado, luego de haber estado erguido majestuosamente en la colina por más de cuatrocientos años. Era una mera rama cuando Colón llegó a San Salvador. En el curso de los siglos había sido golpeado catorce veces por rayos, capeado tremendos vendavales y hasta desafiado un terremoto. Sin embargo, al final lo mataron unos pequeños escarabajos. Por debajo de la corteza, los escarabajos royeron sus fibras fuertes hasta que un día ese rey y señor del bosque cayó estrepitosamente.

Así también, hay pecados aparentemente insignificantes que a menudo roen mucho nuestra vida espiritual. Si se los deja sin tratar, pueden causar nuestra caída. Puede que no veas ningún problema cuando elegiste empezar a beber cosas con alcohol cuando tenías dieciocho, pero puedes ver el fruto cuando seas un alcohólico a los treinta y cuatro. Puede que no veas el daño cuando a los dieciséis te decidiste por la promiscuidad sexual, pero el fruto de esa opción se revelará cuando tengas veintinueve en el consultorio del médico. La destrucción es invisible para ti a los veinticinco cuando decidiste dejar de ir a la iglesia, pero tu corazón endurecido se manifestará a los cincuenta y uno cuando estés en el hospital y el sacerdote tenga a pararse a tu lado para administrarte los últimos ritos.

Arrepiéntete de tu pecado

Segundo, debemos por seguro *arrepentirnos* de nuestros pecados. El arrepentimiento es más que el sólo lamentarse. El arrepentimiento incluye el remordimiento o contrición por

la conducta o pecado pasados, más la determinación de abandonar ese pecado hoy y en el futuro.
El arrepentimiento es más que lamentarse. El arrepentimiento real exige un cambio de actitud y acción. Uno de los mejores expositores de la Biblia, Donald Grey Barnhouse, contaba de una clase de escuela dominical donde se preguntaba a los niños que significaba la palabra *arrepentimiento*. Un niño levantó la mano y dijo: "Es tener pena por tus pecados." Una niña también levantó su mano y dijo: "Es tener suficiente pena para dejar de hacerlo."
El tercer capítulo de Hechos cuenta cómo Pedro y Juan subieron al templo de Jerusalén. Este breve relato nos da una muy buena idea de lo que son la confesión y el arrepentimiento:

Pedro y Juan subían juntos al templo a la hora novena, la de la oración. Y era traído un hombre cojo de nacimiento, a quien ponían cada día a la puerta del templo que se llama la Hermosa, para que pidiese limosna de los que entraban en el templo. Este, cuando vio a Pedro y a Juan que iban a entrar en el templo, les rogaba que le diesen limosna. Pedro, con Juan, fijando en él los ojos, le dijo: Míranos. Entonces él les estuvo atento, esperando recibir de ellos algo. Mas Pedro dijo: No tengo plata ni oro, pero lo que tengo te doy; en el nombre de Jesucristo de Nazaret, levántate y anda. Y tomándole por la mano derecha le levantó; y al momento se le afirmaron los pies y tobillos; y saltando, se puso en pie y anduvo; y entró con ellos en el templo, andando, y saltando, y alabando a Dios. Y todo el pueblo le vio andar y alabar a Dios. Y le reconocían que era el que se sentaba a pedir limosna a la puerta del templo, la Hermosa; y se llenaron de asombro y espanto por lo que le había sucedido. Y teniendo asidos a Pedro y a Juan el cojo que había sido sanado, todo el pueblo, atónito, concurrió a ellos al pórtico que se llama de Salomón (versículos 1-11).

¡Limpio al fin!

Pedro no quería que la gente le adorara sino que dirigió la gente a Dios. Le dijo a las masas:

> *Así que, arrepentíos y convertíos, para que sean borrados vuestros pecados; para que vengan de la presencia del Señor tiempos de refrigerio, y él envíe a Jesucristo, que os fue antes anunciado.*
>
> (versículos 19,20)

Esta es la palabra clave: *Arrepentíos* y conviértete para que tus pecados sean borrados. Esa palabra "borrados" es muy fuerte en el idioma original. Significa literalmente: "untados o lavados en toda parte". A veces, acostumbraba a significar: "eliminar, sacar, quitar o borrar". Nunca debemos perder de vista la obra consumada de Dios que Él hace cuando nos arrepentimos de nuestro pecado. Él lo elimina de modo que es borrado totalmente.

Si tu herida es causada por pecado y estás dispuesto a arrepentirte, entonces ten la seguridad que Dios está dispuesto a perdonar y borrar el registro de que hayas siquiera cometido un acto así.

El arrepentimiento verdadero es muy diferente del mero lamentarse por haber sido sorprendido. Cuando en los años ochenta la comunidad evangélica fue golpeada por los escándalos de Jim Bakker y Jimmy Swaggart, el animador de programas radiales de conversación, Larry King, comentó tocante a las denuncias hechas de Swaggart:

> Yo aceptaría toda la tristeza y las lágrimas y las recriminaciones si, y este es un si enorme, Jimmy hubiera salido a la palestra con su problema antes que nadie tuviera fotografías condenatorias. Cualquiera puede arrepentirse cuando lo descubren. Además, si él hubiese realmente querido el perdón verdadero hubiera donado su fortuna y todas esas propiedades a alguna obra de beneficencia digna. Hubiera dado todos sus bienes terrenales. Como me dijo una vez Lenny Bruce:

"Si Jesucristo volviera no tendría más de un terno en la medida que alguien del mundo no tuviera ropa."[1]

¿Recuerdas qué dijo Pedro sobre el acto del arrepentimiento? Él eligió tres palabras únicas para mostrar que Dios está dispuesto y es capaz de tratar nuestras heridas. Fíjate en estas tres: *tiempos, refrigerio* y *presencia*.

La palabra *kairos*, que se traduce *tiempos*, significa "una época fija y definida, la época en que las cosas llegan a la crisis, la época decisiva que se espera".

La palabra *anapsuxis*, que se traduce *refrigerio*, se usa sólo una vez en el Nuevo Testamento. Sencillamente significa, "un enfriador, un refresco".

La palabra *prosopon*, que se traduce *presencia*, tienen un significado diferente del que tiene la palabra en inglés. *Prosopon* es una palabra griega que se usa para designar la cara o la parte frontal de la cabeza humana. Era usada a menudo cuando se hablaba del semblante o aspecto de la persona o del aspecto que uno presenta debido a que tiene gran riqueza o un rango elevado.

Parece que Pedro trata de destacar que cuando nos arrepentimos, nos viene una experiencia refrescante, calmante y suavizadora específica.

Cuando nos arrepentimos de nuestros pecados, la sangre de Jesús, que limpia, penetra profundamente en esa zona de la herida, a la que nunca podría llegar el mejor de los psicoanalistas. Quizá en tu caso se trate de una zona que has mantenido cerrada por mucho, mucho tiempo. Ahora se está derramando luz sobre ella. La luz de la verdad. Deja que el Espíritu Santo te ayude a tratar la herida.

---

1. Larry King, *USA Today*, junio de 1988, tomado de Bible Illustrator, Parsons Technology, Inc., 1990-91. Todos los derechos reservados. Usado con autorización.

Como dijera un santo:

> El arrepentimiento significa que admito mi responsabilidad por el papel que jugué en lo que fue conducta insatisfactoria. Acepto mi responsabilidad por el papel que juegue en lo que es y será conducta nueva. El arrepentimiento es aceptar la responsabilidad por lo que fue, aceptar la responsabilidad por lo que es y, ahora, actuar con responsabilidad.
>
> Es una acción responsable. No es cuestión de castigarnos por los errores pasados, de odiarnos por los fracasos pasados ni deprimirnos con sentimientos de indignidad.
>
> El arrepentimiento es la terminación del asunto inconcluso de mi pasado optando por vivir en formas nuevas que no repitan las situaciones antiguas e insatisfactorias. En el pleno sentido cristiano de la palabra, el arrepentimiento es un proceso. Es derretir los estilos de vida rígidos para que sean un proceso de arrepentimiento que fluye, se mueve y crece.[2]

La mayor dificultad para arrepentirse es que tú y yo no podemos cambiarnos a nosotros mismos. Solamente Dios puede cambiarnos. Por eso debemos confiar en la Biblia y confiarnos en la persona del Espíritu Santo para que nos capacite para arrepentirnos. Solamente a través del poder del Espíritu podemos abandonar nuestro pecado y caminar en la dirección que plazca a Dios. Sin su poder somos sólo gente religiosa. Cierto es que podemos ser gente buena y agradable, pero eso no es lo que Dios procura. Él procura "casa espiritual, y sacerdocio santo" (1 Pedro 2:5). Y la única forma en que eso sucede es por medio de la fe en el poder del Espíritu.

---

2. Tomado de Bible Illustrator, Parsons Technology, Inc., 1990-91. Todos los derechos reservados. Usado con autorización.

No hay momento como el presente

Si tienes que confesar y arrepentirte de algún pecado que te ha herido, hagámoslo exactamente como lo hicimos antes. Oremos y confiemos que Dios hará un milagro. El frescor te llegará mientras oras y admites el problema. Recuerda que si buscas su rostro te será dado eso que más deseas. La culpa será eliminada, como los gérmenes de una herida abierta. Una sensación de paz refrescante y calma inundará tu alma al soltar tú y dejar a Dios.

Una oración sencilla como la siguiente puede obrar maravillas para tu herida hoy mismo. Aun mientras oras, puedes estar seguro que Dios está limpiando tu herida y tratándola.

> Padre, por favor perdona mi pecado. Me doy cuenta que mi vida se ha desarrollado en tal forma que el sufrimiento ha llegado a mí.
> Aunque he apuntado con el dedo a los demás, hoy deseo confesarte que yo he pecado y que soy responsable, no sólo por el dolor de mi vida sino también por el de otras vidas. Por favor, perdóname y límpiame, como la Biblia promete. Por favor, consuela a los que están dolidos por mis acciones y dales un corazón de perdón para conmigo. Por favor, ayúdame a restaurar a los que yo les haya producido dolor. Jesús, refréscame con tu presencia en este momento; yo busco y necesito tu ayuda. Oro en tu nombre. Amén.

Nunca es demasiado tarde

La Biblia nos dice repetidas veces que debemos vivir conforme a las normas de Dios, no a las propias ni a las normas que son "políticamente correctas". Si una persona se arrepiente de sus pecados. debe entonces abandonar esos pecados. Naturalmente, a veces cuesta mucho renunciar a aquello que hemos retenido con tanto afán durante tanto tiempo. El siguiente cuento tonto es un buen ejemplo para aplicar este concepto.

Había un niño que estaba jugando afuera, en la tierra, cuando empezó una lluvia ligera. Su madre lo llamó que entrara a comer y cuando lo vio muy lleno de lodo, se enojó mucho. "¡Vaya para arriba, joven! ¡Ahora mismo te metes en la bañera y te lavas!" La familia se sentó a la mesa unos minutos después, esperando que el niño viniera. Por último, la madre subió al baño y encontró a un niño que brillaba de limpio, de pie al lado de la bañera llena de barro y suciedad. Qué asco. La madre dijo: "¿Qué haces hijo?" "¡Oh, hola, mamá! Estoy aquí recordando lo sucio que estaba."

Así es como, a veces, nos pasa a nosotros. Preferiríamos quedarnos quietos recordando nuestro pasado a seguir adelante con Dios por fe, pero eso nunca sanará nuestras almas; de hecho, siempre tendrá el efecto opuesto.

Aunque puedes estar luchando con la confesión de lo que has hecho, arrepentirse suele ser mucho más difícil. Permite que diga esto: Si quieres sentir el tierno toque de Dios, confiesa entonces tus pecados y arrepiéntete de ellos. Dios se complace cuando reconocemos lo que Él ya sabe Él es un Dios santo y el pecado nos separa de Él. La confesión y el arrepentimiento ayudan a tratar nuestra herida de modo que pueda empezar el proceso de curación. En este punto pueden purgarse los venenos de nuestra alma y podemos regresar al camino que va a la salud.

¡Ven a casa!

Millones de norteamericanos han tenido en su niñez una experiencia con Jesús pero han estado lejos de Él por tanto tiempo, con tantos tipos diferentes de pecado que no pueden encontrar el camino de regreso a casa. Se llega a casa a través la confesión y el arrepentimiento. ¡Por favor, ven a casa, a Jesús! ¡Por favor, confiesa tu pecado y arrepiéntete! Vuelve a Jesús y deja que Él no sólo pare el sangrado doloroso que te ha sido como plaga, sino deja que también trate tu herida.

Como lo escribiera alguien:

Si todos los que duermen se despertaran,
Si todos los tibios se llenaran de calor,
Si todos los deshonestos confesaran,
Si todos los descontentos se alegraran,
Si todos los deprimidos se animaran,
Si todos los alejados se acercaran,
Si todos los chismosos se callaran,
Si todos los verdaderos soldados se pusieran de pie,
Si todos los huesos secos se remecieran,
Si todos los miembros de la Iglesia oraran...
¡Entonces, tendríamos un avivamiento![3]

Que hoy sea un fresco comienzo en tu vida. No vaciles en clamar a toda voz al Dios que ama y perdona. Él está ahí a la espera, en este momento, listo para tomarte en sus brazos.

---

3. R.G. Lee, tomado de Bible Illustrator, Parsons Technology, Inc., 1990-91. Todos los derechos reservados. Usado con autorización.

11

La fuerza irresistible del perdón

El toque tierno de Dios

Los médicos nos dicen que los trastornos mentales hacen que se hospitalice más gente que las enfermedades físicas. Quizá entre los trastornos mentales principales se halle la enfermedad causada por la falta de perdón. El doctor Menninger, de la famosa Clínica Menninger, dice que son miles los que abandonarían su lecho de enfermos si tan sólo pudieran perdonarse a sí mismos. Leí un artículo reciente, escrito por un psicólogo que decía que mucha gente llega a la reconciliación lista para perdonar, pero no para ser perdonada.

El perdón, sea de nosotros mismos o de otros, es parte crucial del proceso de sanidad. Imagínate el potencial para el bien que habría si todos perdonaran a quienes les hayan hecho mal. Nuestros hospitales se vaciarían más rápidamente que si la ciencia médica descubriera, de la noche a la mañana, la cura del cáncer.

El padre pródigo

Mi padre murió hace un par de años. Realmente no me conoció, puesto que él y mamá se divorciaron cuando yo tenía cuatro años. Quizá lo haya visto después una docena de veces en mi vida, nueve de las cuales fueron ya de adulto y acontecieron en el lapso de veinte años. Además, hubo unas cuantas llamadas telefónicas para saber de él y para ayudarle a vender su casa y mudarse a un departamento pequeño, donde pasó sus últimos días. Y eso es todo.

Mi papá era alcohólico y jugador. Nunca fue capaz de dedicar al trabajo lo que, obviamente, era una mente inteligente. Era alto, bien parecido, de voz profunda y verdaderamente encantador. Pero, hablando con él durante horas mientras trataba de conocer mi herencia, supe que el lado paterno de nuestra familia sufría un problema real de alcoholismo.

Nunca se dejó que mi papá madurara y fuera hombre. Su madre se negó a "cortar el cordón umbilical". Este hombre hubiera sido etiquetado como "el hijo de mamá". Cuando las cosas no le salían bien en su vida de adulto, él corría a dos lugares: primero a la botella y, segundo, a su madre. Ella siempre lo recibía y protegía de la vida que parecía tan difícil para él.

En mil novecientos setenta y tres lo vi por primera vez en diez años. Yo estaba predicando en el Monumento del Coliseo, en Portland, y llamé para ver si él quería venir a verme. Él tenía influenza, así que me invitó a que yo fuera a verlo. Fue una reunión triste en cierto modo, pero, en otro, fue buena. En esa época él se había convertido en un recluso que vivía en el apartamento del ático de una gran casa de dos plantas con sótano: la misma casa en que vivía cuando yo tenía dos años, la misma casa que su padre había edificado sesenta años atrás.

Evidentemente nunca se alejó mucho de casa. Durante nuestra reunión yo me senté en el suelo de su dormitorio mientras que él estaba en cama. Le pregunté: "¿Papá, alguna vez te sentiste culpable por no estar disponible para mí ni para mi hermano? ¿Te sentiste mal alguna vez por no ser un padre para tus hijos? ¿Por qué nunca nos mantuviste en forma consistente e hiciste que nuestra madre sufriera tanto?"

Por favor, no me entiendas mal; estas preguntas no fueron hechas con rencor o desprecio, sino con dulzura. Eran preguntas que yo me había hecho mil veces, en mi mente, muchas de ellas en estado de ebriedad en algún salón de billar o taberna solitarios de Portland.

Su respuesta resuena en mis oídos hasta hoy. Empezó a llorar y viró su cara hacia la pared. Respondió en una forma que nunca esperé, pero que sí deseaba. "¡SÍ!", dijo con voz resonante y fuerte. "Cada día de mi vida enfrento los fracasos que he tenido. Soy un hombre débil y todos estos años me he escondido en la botella. Siempre me he sentido culpable por haberles fallado a ustedes, muchachos, y a su madre."

Mi padre se casó dos veces, teniendo dos hijos en cada matrimonio. Kent y yo tenemos dos medio hermanos que viven en Oregón.

Mi corazón fue tocado y empecé a hablarle de la herida y el dolor que yo sufrí sin un padre que ayudara a guiarme. Le conté que me volví bebedor excesivo a los veinte años; que fui padre de un bebé ilegítimo a los diecisiete; que luego tuve un matrimonio fracasado en gran parte por el exceso de droga y alcohol. Describí una vida muy desgraciada: una vida llena de amargura y rabia que, a veces, se convertía en una furia incontrolable.

"Ves, papá, yo he sido tan fracasado en mi vida como tú", dije, "pero tengo una buena nueva que darte: he hallado perdón de Dios. Papá, yo te perdono y no quiero que nunca más te sientas culpable." Cuando mi padre me oyó perdonarle, fue liberado de treinta años de dolor y culpa.

Contestó que él también creía en Dios. A través de sus cincuenta años de afiliación con Alcohólicos Anónimos, sabía que un poder superior era necesario para mantener la sobriedad. Aunque nunca pudo librarse de la botella, ni siquiera cuando llegó a los ochenta, trató desesperadamente de creer. El poder superior de que hablaba era, sin embargo, una fuerza borrosa, no el Amigo personal que yo había descrito.

Más de diez años después, antes que él muriera, pude visitarle otra vez y explicarle el gran amor de Dios por él. Le dije que aunque él era un pecador, Jesús murió en la cruz por él. Le dije que Dios le perdonaría de todos sus errores, fracasos y pecados pasados. Le dije que la sangre de Jesús era pura e inmaculada y que era esa sangre derramada lo que Dios aceptaba como sacrificio por Wilbur Hershel MacIntosh. Las palabras no pueden expresar lo que sentía ahí, en esa sala, con mi brazo en torno a papá, orando con él que el Señor viniera a su vida y le perdonara de su pecado.

Mi papá descubrió, al final, que nunca somos demasiado viejos para tratar el dolor, la herida, los recuerdos de los viejos pecados. No tenemos que seguir reviviendo el pasado. No tenemos que seguir caminando a través de las heridas. Dios las tomó todas y las puso en su Hijo Jesús cuando Él estaba colgando de la cruz.

Quizá tú seas como mi papá: "Hola, me llamo Mack y soy un alcohólico." No puedes soltar el pasado. Entiende, de ninguna manera voy a atacar a Alcohólicos Anónimos o a ninguna de las organizaciones de ayuda propia que han ayudado a millones de personas. Habiendo sufrido lo que muchas de estas personas sufren, puedo simpatizar con ellas. Pero cuando hallé salud para mi alma no fue por buscar a un ser superior; sané al hallar al mismo Dios. Lo mismo vale para mi papá que, por toda la eternidad, puede decir ahora: "¡Hola, soy Mack y soy un hijo de Dios!" Lo viejo pasó. Todo ha sido hecho completamente nuevo. Y todo esto ha sido posible gracias al perdón.

Recibir el perdón

Quizá la mayoría de nosotros estemos dispuestos a perdonar, pero no a olvidar. De ninguna manera. Seguimos arrastrando pecados viejos y recordándonos cuán malos somos. A menudo podemos perdonar a los demás con más facilidad que a nosotros mismos. Me encantan las obras brillantes de C.S. Lewis. En su *Letters of C.S. Lewis/Don Giovanni Calabria* [Cartas de C.S. Lewis/Don Giovanni Calabria] escribió: "Pienso que debemos perdonarnos a nosotros mismos si Dios nos perdona. De lo contrario es casi como constituirnos en tribunal superior a Dios."

Howard Hendricks, el dotado orador, escritor y conferencista cristiano del Seminario Teológico de Dallas, cuenta de un niño que le preguntó a su madre de dónde venía él, y también de dónde había venido ella cuando era bebé. Su madre le hizo un cuento increíble sobre un hermoso pájaro de plumas blancas. El niño corrió a la otra sala y le preguntó lo mismo a su abuela, recibiendo una variante del cuento del pájaro.

Entonces salió corriendo donde su compañero de juegos con este comentario: "¿Sabes? ¡No ha habido un nacimiento normal en nuestra familia durante tres generaciones!"

Esto sirve para mantener las cosas en perspectiva. No ha habido nacimiento sin pecado en la familia humana salvo el de Jesucristo, y tenemos que recordar eso. Si nuestra mayor necesidad hubiera sido la tecnología, Dios nos hubiera mandado a un científico. Si nuestra mayor necesidad hubiera sido el dinero, Dios nos hubiera mandado a un economista. Pero como nuestra mayor necesidad era el perdón, Dios nos mandó un Salvador.

Dios ha mostrado el epítome del perdón al hacer de su Hijo el sacrificio exigido por nuestros pecados. ¿Te has detenido a pensar que tú y yo asesinamos al unigénito Hijo de Dios? Somos culpables. No existe eso de "más allá de toda duda razonable" con Dios o sus ángeles celestiales. Tú eres culpable. También yo. Eso es un hecho. Pero cuando vamos a Cristo, somos perdonados de todos nuestros pecados.

Puede que digas que realmente no tienes la seguridad que Dios te perdone las cosas horribles que hiciste. Escucha, amigo mío, justo antes que Jesucristo muriera en la cruz, dijo palabras de perdón. Clamó: "Padre, perdónalos porque no saben lo que hacen" (Lucas 23:34). Ahora bien, si Jesús pudo pedirle a Dios que perdonara a la humanidad hace dos mil años, cuando estaba muriendo en la cruz por los pecados de ellos, más vale que creas que Él te perdonará hoy.

Dios dio a su Hijo Jesús por *nosotros*. Él vino por *nosotros*. Él murió por *nosotros*. Él se levantó de los muertos por *nosotros*. Dios hizo eso para que tú y yo supiéramos que Él nos perdonaba de todos nuestros pecados. Si has pedido en oración al Señor que te perdone, ten toda la seguridad que Dios ha escuchado tu oración. Él te ha perdonado por completo y nunca más sacará eso a relucir. Él lo desechó, así que tú debes desecharlo también.

El siguiente versículo bíblico es uno de mis preferidos, principalmente porque yo soy hombre que necesita mucho perdón: "De modo que si alguno está en Cristo, nueva criatura es; las cosas viejas pasaron; he aquí todas son hechas nuevas" (2 Corintios 5:17).

Perdonar al prójimo

El Nuevo Testamento usa dos palabras principales para perdón. Una significa "perdón"; la otra, "liberar de ataduras o prisión". Cuando somos perdonados, no sólo somos perdonados, sino también liberados de la atadura del pecado. Se espera que quien reciba ese perdón se haga eco en la forma en que trata al prójimo.

Jesús enseñó a la vez que vivió el mensaje del perdón. Mientras instruía a sus discípulos en los primeros días de su ministerio, dio lo que corrientemente se llama el "Sermón del Monte". El perdón era uno de los temas primarios de su enseñanza de fama mundial. Jesús usó aproximadamente veinticinco veces la palabra *perdón*. En lo que llamamos El Padre Nuestro (La Oración del Señor), oró: "Y perdónanos nuestras deudas como también nosotros perdonamos a nuestros deudores" (Mateo 6:12).

Cuando pensamos en deudas, solemos pensar en las cuentas de las tarjetas de crédito; las deudas son dinero que debemos a nuestros acreedores. Pero lo que Jesús tiene en mente aquí es mucho más profundo que eso. Esto es una exhortación para que Dios nos perdone al perdonar nosotros al prójimo. Cada uno de nosotros tiene una deuda enorme con el Señor, y Él nos perdonó. De la misma manera, si nacimos de nuevo verdaderamente, se nos requiere perdonar a los que nos deban algo, cualquiera sea la clase de la deuda. Jesús aclaró esto más aún en Mateo 6:14,15:

> *Porque si perdonáis a los hombres sus ofensas, os perdonará también a vosotros vuestro Padre celestial; mas si no perdonáis a los hombres sus ofensas, tampoco vuestro Padre os perdonará vuestras ofensas.*

De nuevo, la norma es esta: "Perdona y sé perdonado; niégate a perdonar y tampoco te perdonará Dios." Eso pone ciertamente una enorme responsabilidad sobre nuestros hombros, ¿no crees? Si queremos la paz y el refrigerio que viene con el perdón, entonces debemos practicar lo que predicamos.

Ciertamente Pedro oyó todo eso del perdón, pero no estaba muy seguro de lo que significaba. Por eso le preguntó a Jesús en Mateo 18:21: "¿Señor, cuántas veces perdonaré a mi hermano que peque contra mí? ¿Hasta siete?" Bueno, esto me suena como algo de corte legalista. Pedro estaba dispuesto a perdonar siete veces a alguien.

La reacción de Jesús debe haber confundido totalmente a Pedro. Jesús le dijo: "No te digo hasta siete, sino aun hasta setenta veces siete" (Mateo 18:22). Si mi matemática está bien, Jesús dice que debemos estar dispuestos a perdonar *¡cuatrocientas noventa veces!* a una persona. Como diría el personaje de Lucy: "¡Qué tremendo, Charlie Brown!" Eso es un montón de perdón. Lo que Pedro había sugerido sonaba muy espiritual; él estaba dispuesto a extender su perdón siete veces por encima de la norma. Pero el perdón que Jesús tenía en mente expandía las expectativas de Pedro en setenta veces, y sin duda que la idea era expandirlo al infinito.

¡Oh, cuán grande es el amor de Dios! ¿Qué se necesitará para enseñarnos a perdonar al prójimo? Una de las mejores formas quizá sea por medio de una historia. Por eso, ahora Jesús recurre a lo que parece hacer mejor: contar una historia. Jesús fue el cuentista de todos los tiempos. La parábola que sigue está edificada sobre el principio recién entregado:

> *Por lo cual el reino de los cielos es semejante a un rey que quiso hacer cuentas con sus siervos. Y comenzando a hacer cuentas, le fue presentado uno que le debía diez mil talentos. A éste, como no pudo pagar, ordenó su señor venderle, y a su mujer e hijos, y todo lo que tenía, para que se le pagase la deuda. Entonces aquel siervo, postrado, le suplicaba, diciendo: Señor, ten paciencia conmigo, y yo te lo pagaré todo. El señor de aquel siervo, movido a misericordia, le soltó y le perdonó la deuda.*
>
> *Pero saliendo aquel siervo, halló a uno de sus consiervos, que le debía cien denarios; y asiendo de él, le ahogaba, diciendo: Págame lo que me debes. Entonces su consiervo, postrándose a sus pies, le rogaba diciendo: Ten paciencia conmigo, y yo te lo pagaré todo. Mas él no quiso, sino fue y le echó en la cárcel, hasta que pagase la deuda.*
>
> *Viendo sus consiervos lo que pasaba, se entristecieron mucho y fueron y refirieron a su señor todo lo que había pasado. Entonces, llamándole su señor, le dijo: Siervo malvado, toda aquella deuda te perdoné, porque me rogaste ¿No debías tú también tener misericordia de tu consiervo, como yo tuve misericordia de ti? Entonces su señor, enojado, le entregó a los verdugos, hasta que pagase todo lo que le debía.*
>
> *Así también mi Padre celestial hará con vosotros si no perdonáis de todo corazón cada uno a su hermano sus ofensas* (Mateo 18:23-35).

Esta sencilla historia nos muestra el fruto de una herida que nunca fue tratada en forma apropiada. El rencor impidió que el hombre recibiera el perdón que su señor le daba tan generosamente. Si hubiera aceptado el amor que vino con el perdón, hubiera perdonado fácilmente a los que le debían a él.

La ira de este hombre parece casi ridícula. Después de todo lo que el amo había hecho por él, ¿no pensarías tú que él debía estar tan agradecido y emocionado que debía estar lleno de acción de gracias? Uno pensaría que él sería bueno para con su deudor pero no lo fue.

¿Cuál era su problema? ¿Podía haber sido orgullo, venganza, rencor o una actitud de desquitarse? No sabemos (de todos modos, era una historia). Pero podemos estar completamente seguros de que esas actitudes destruirán algunos de los años más productivos de nuestra vida. "Perdona y serás perdonado." Si quieres el tierno toque de Dios, entonces este es el camino: ¡perdona!

Perdonar a los que te han herido es una llave poderosa de la vida sana. Toma la llave y abre la puerta de tu corazón y perdona a los que te han herido. Te sobrevendrá un gran alivio. Será como si el médico de emergencia hubiera tratado una herida profunda y te hubiera dado una receta para aliviar el dolor. Una gran calma sobreviene al corazón cuando se ha tratado y vendado una herida.

¿Y qué puedes perder por perdonar? Si la gente a quien perdonas está fuera de tu vida, entonces perdonarles no hará gran diferencia para ti porque no tienes que relacionarte con ellos. Si aún están en tu vida, entonces perdónalos en voz alta o hasta calladamente en tu corazón. Le dará una nueva dimensión a la relación sin que pierdas nada: salvo el dolor del corazón y la pena. Dime, ¿qué valen un dolor de corazón y una pena en el libre mercado actual? ¡Nada!

Así, pues, encara la cruz y observa el perdón en su plenitud. No sólo darás una bendición al prójimo sino que tú también recibirás bendición. La bendición es que el amor de Dios también puede perdonar y sanar en tu vida. La falla para perdonar es una traba para la bendición de Dios.

Hace dos días fui con mis hijos a la piscina climatizada. Teníamos problemas para que el calentador funcionara, así que la piscina estaba fría. No podíamos entender por qué no calentaba. Llamé a uno de los internos de pastor y le pregunté si le importaría venir para ayudarme a solucionar el problema.

(Antes de querer ingresar al ministerio este hombre había estado en el negocio de las piscinas.) Resolvió problemas básicos y luego se puso a limpiar suciedad. Sacó el filtro y halló que no sólo se había juntado lo habitual en agujas de pino, hojas y basura general, sino que también había una pelota de golf y una camiseta de uno de mis hijos. Esto hacía que la presión bajara demasiado para alcanzar a poner en marcha al calentador. Una vez que sacamos las cosas del filtro tapado, el calentador se encendió de inmediato.

Al igual que el filtro, a veces se tapan nuestros corazones. Tenemos que darnos cuenta que el Espíritu Santo no fluye con facilidad por los vasos tapados. La manera de remediar el problema es abriendo el corazón y perdonando.

Recuerda, el dolor siempre estará ahí a menos que tratemos con perdón la herida. El comediante Buddy Hackett dice que no se molesta en guardar rencor. "He tenido unas cuantas discusiones con la gente pero nunca llevo el rencor", dice. "¿Sabes por qué? Porque mientras tú andas con el rencor a cuestas, ellos están bailando en otro lugar."

Si somos nacidos de nuevo de veras, debemos aprender que el perdón es una gran forma de tratar la herida. El perdón limpia tu alma como un buen sorbete limpia tu paladar.

El lugar de la oración

Supongamos que aceptamos la necesidad de perdonar. Eso está bien, pero es muy distinto saber cómo hacerlo. ¿Cómo podemos llegar a ser gente que perdona? Creo que orando hallamos la gracia para perdonar y la gracia para ser perdonados. Este es el lugar para encontrar el tierno toque de Dios mientras tratamos y vendamos nuestra herida con el dulce bálsamo del perdón.

Cuando Billy y Ruth Graham se unieron con su hijo Franklin para orar por las víctimas del bombardeo del edificio federal de la ciudad de Oklahoma, a petición del gobernador del Estado de Oklahoma, supieron que había miles de personas dispuestas a formar fila en el viento fuerte y helado que soplaba fuera del estadio, sólo para orar. Las emociones de la gente estaban arremolinadas. La ira batallaba contra el amor. Los radioescuchas inundaron los programas de conversación de la radio de la ciudad de Oklahoma, insistiendo algunos en que los malhechores debían ser matados de un tiro inmediatamente, mientras que otros decían que se debía orar por la salvación del que puso la bomba. El deseo de perdonar más que buscar venganza, expresado por mucha gente de esta ciudad del cinturón bíblico, el impresionó a los periodistas. De hecho, un ateo le dijo a un pastor local que nunca había experimentado un amor así.

Mientras que el señor Graham oraba en el estadio, todos los agentes federales y los equipos de rescate se detuvieron al frente y alrededor del edificio destruido, se sacaron sus cascos de protección e inclinaron sus cabezas por cinco minutos de silencio y oración. Mientras yo estuve ahí, de pie, sentí como que se hacía un quiebre en los cielos sobre la ciudad de Oklahoma. Era como si una guerra endemoniada estuviera rugiendo sobre la ciudad y estas oraciones hubieran roto el poder de Satanás. Estoy convencido que tus oraciones pueden tener el mismo efecto. La oración y el perdón van de la mano y forman tremendo equipo.

El perdón en la galera de la muerte

Hace un tiempo me invitaron a Singapur para unas reuniones. Uno de los momentos destacados para mí fue la oportunidad de visitar las prisiones y hablar con los reos sobre Jesús.

Mi visita empezó con una ida a la prisión, en caravana de automóviles, desde las oficinas centrales del Departamento de Prisiones de Singapur. Me dijeron que subiera a un automóvil con "el ministro". Mientras íbamos, se me ocurrió que este ministro era acomodado. Estábamos sentados juntos en el asiento trasero de un Mercedes Benz, con un chofer que nos llevaba a la cárcel Chang Ghi. Por curiosidad le pregunté cuál iglesia pastoreaba. Dijo que no entendía. En ese momento, capté la mirada del chofer en el espejo retrovisor; se estaba riendo pero yo no sabía por qué. Cuando repetí mi pregunta, el ministro dijo que él no pastoreaba ninguna iglesia.

"Pero me hicieron creer que usted es un ministro", dije. ¡Oh! Sí, naturalmente", replicó. "Yo soy el Ministro del Trabajo." "¡Ah, sí, correcto; yo sabía eso!" Él era un dignatario que iba a ver los servicios en la cárcel. Luego de una parada rápida en la primera cárcel, fuimos a ver la segunda.

Era la época de Navidad y el superintendente de la prisión nos permitió visitar la galera de la muerte y atender a cuatro o cinco docenas de hombres. Cantamos villancicos y leímos la historia de la Navidad. Los condenados a muerte se quedaron callados, escuchando mientras los guardias estaban de pie afuera, en los pasillos. Cuando se hizo la invitación a pedirle a Dios que les perdonara de sus pecados, tres cuartos de estos reos oraron para recibir a Jesús en sus vidas.

Aconsejé a un muchacho de diecinueve años que iba a ser ahorcado dentro de dos semanas. Su crimen era homicidio. Él estaba feliz de tener la vida eterna, pero me dijo, "Mike, sé que soy salvo de mi pecado. Sé que cuando me ahorquen y se rompa mi cuello, yo me iré al cielo, pero aún sigo enojado." "¿Por qué?", pregunté.

Él reconoció que él y unos amigotes mataron a tres hombres pero sólo él había sido hallado culpable de matar a los tres. Dijo que merecía que lo ahorcaran por haber matado a un hombre en una cuestión de drogas, pero que no merecía morir por los otros dos; sus amigotes los habían matado. Le dije que perdonara a sus compañeros y que se pasara las dos semanas siguientes perdonándose a sí mismo como también a quienes le habían herido. También le sugerí que se pasara las próximas dos semanas leyendo la Biblia y orando. Él tenía tanta vida y fuerza que daba pena ver que su joven vida era cortada en plena flor.

Más adelante, pregunté por ese joven. Antes que lo pusieran en capilla para ser ahorcado, el tribunal halló unas discrepancias en las transcripciones del juicio, y mandó que fuera llevado de nuevo a un juez. El juez le preguntó al joven si quería decir algo. Él replicó que sólo había asesinado a un hombre, no a tres, y que no era justo que lo fueran a colgar dentro de dos días por asesinatos que no cometió.

Entonces, con la guía del Espíritu Santo, dijo al juez que ya no estaba enojado con el tribunal ni guardaba rencor a sus amigos. Jesucristo había entrado a su corazón dos semanas antes y le había perdonado de todos sus pecados. Le dijo al juez que tenía una gran paz en su corazón y que lo que decidiera el juez estaba en las manos de Dios. Ante eso, el juez volvió a leer los documentos y registros objetados, dijo que había habido un juicio malo y exoneró los cargos contra el muchacho. Lo último que me contaron del joven era que estaba tan entusiasmado y agradecido de Dios que se había vuelto evangelista, había ido a Malasia y estaba predicando el evangelio a los musulmanes.

Es hora que también tú sientas el tierno toque de Dios. Él te perdona, así que, por favor, perdónate a ti mismo. Si los demás te han herido, perdónalos y recibe así la bendición de Jesús. Toma el consejo de esta inscripción en una tumba anónima, de las afueras de Sidney, Estado de Nueva York: Quienquiera esté enterrado aquí, se aprendió bien esta lección. La tumba tiene solamente una inscripción de cuatro sílabas: *Perdonado*.

12

El equipamiento básico

El toque tierno de Dios

No importa cuál sea la sala de urgencias del hospital que visites, es probable que hallarás elementos del mismo equipamiento vital: antisépticos, jeringas, vendajes, mesa de operaciones, tijeras quirúrgicas, luces especiales, monitores cardíacos, etc. Aunque algunos hospitales estén mejor equipados que otros, prácticamente todos tendrán a mano un equipamiento básico. ¿Por qué? Porque ese equipamiento es crucial para salvar vidas.

De la misma manera, sin que importe cuál sea la lesión que te duele en este momento, hay un "equipamiento básico" vital para tu recuperación y bienestar. Por lo menos, hay tres renglones de los que, sencillamente, no puedes prescindir cualquiera sea tu herida y tu dolor.

Pero no te precipites al centro de abastecimiento médico para recogerlos. No los hallarás allí. El único lugar para encontrar estos tres renglones es dentro de ti. Dios los pone ahí, pero tú eres el único que debe usarlos. Estos tres renglones vitales son valentía, paciencia y perseverancia.

Valentía: poco usada, pero muy necesitada

Valentía, es una palabra poco usada en el vocabulario de la actual generación MTV, aunque la valentía es necesaria en cada paso del camino a la recuperación. Se necesita valentía, a veces tremenda valentía, para enfrentar las pruebas y tribulaciones de nuestras vidas. Con demasiada frecuencia la gente opta por sentir lástima de sí mismos, o por una actitud negativa en lugar de la valentía, aunque no se necesita más esfuerzo para optar por la valentía que por una de las alternativas disponibles.

Mi amigo Hal Kuykendall me contó una tremenda historia de valentía y coraje que vivieron su buen amigo Mike Thornton y el teniente Tommy Norris, ambos merecedores de la condecoración Medalla de Honor del Congreso.

Mike y Tommy eran miembros de un pelotón de combate llamado SEALS ["Focas Mortales", de la Armada norteamericana] que casi fue borrado del mapa en un combate durante la guerra del Viet Nam. Mike y Tommy eran los únicos dos norteamericanos de aquel pelotón; los demás eran vietnamitas del Sur. Este pelotón de catorce hombres se encontró con una compañía del ejército de Viet Nam del Norte, que los superaba. Durante el fuego entablado, Tommy fue herido en la cabeza al entrar una bala por sus ojos saliendo por la sien. Mike estaba a de unos cien metros de Tommy cuando los vietnamitas que sobrevivían corrieron donde Mike y le informaron que Tommy había muerto. Negándose a dejar atrás a Tommy, Mike volvió a correr en medio de un fuego enemigo muy graneado; recogió a Tommy y lo transportó unos cuantos cientos de metros a la playa. Los norvietnamitas iban persiguiendo a Mike y disparándole mientras él llevaba a Tommy a la playa. Al entrar Mike a la rompiente, cargando a Tommy, se le vació su ametralladora M-60 y la tiró a la rompiente;

entonces, empezó a nadar hacia mar abierto, arrastrando al inconsciente Tommy. Mike no tenía idea de hacia dónde nadaba, pero tenía la esperanza de encontrar un barco norteamericano. Luego de nadar unos cuantos kilómetros vio al USS Newport News en el horizonte. Mike disparó una bengala al aire y un equipo de rescate del USS Newport News recogió a los dos malheridos. Los médicos le salvaron la vida al teniente Tommy Norris, pero no sin costo. El señor Norris tenía grandes heridas en su cabeza y perdió uno de sus ojos.

Cuán egoísta hubiera sido que Mike Thornton hubiera olvidado a su compañero poniendo primero su propia seguridad. Cuán fácil hubiera sido mirar al herido Tommy Norris y decidir que nunca podría sobrevivir con una herida tan devastadora. Pero Mike no quería hacer eso.

Me pregunto, ¿cuántas historias de los Tommy Norris no se han escrito? ¿Cuántos héroes sin nombre han dominado la valentía de ayudar a un camarada caído? Mike Thornton puede pensar que fue natural que él arriesgara su propia vida por otro, pero aquel fue un acto verdaderamente valeroso y su amigo debe su vida a la valentía de Mike.

Sir Ernest Shackleton puso el siguiente anuncio en los periódicos londinenses del 1900, preparando la Expedición Antártica Nacional. Después, Sir Shackleton diría: "Parecía como que todos los hombres de Gran Bretaña estaban determinados a acompañarme, pues la respuesta fue muy abrumadora."

SE NECESITAN HOMBRES PARA
UN VIAJE PELIGROSO.

Salario bajo, mucho frío, largos meses de oscuridad absoluta, peligro constante, retorno a salvo dudoso. Honor y reconocimiento en caso de éxito.

Este incidente sugiere que hay un monto de valentía en todos nosotros. Hasta el León Cobarde del *Wizard of Oz*

[Mago de Oz] halló que tenía valor en el momento en que se necesitó en realidad; él sólo necesitaba un empujón.

Probablemente tú necesites valentía ahora mismo para enfrentar tu situación, cualquiera que sea. Como el León Cobarde, puedes dudar que tengas algo de valentía. Pero la tienes. Dios la puso dentro de ti cuando el Espíritu Santo instaló residencia dentro de ti. Puede que no necesites el valor de un Foca Mortal, pero sí que necesitas el valor para hacer esa llamada telefónica o escribir esa carta o enfrentarte con un oponente. Así pues, convoca al valor que Dios ha puesto dentro de ti. Muévete por fe sabiendo que Dios está contigo todo el camino. La valentía es una parte necesaria a la vez que bella de tu sanidad. Es uno de los elementos principales que Dios usará para tratar tu herida.

Hay miles de valientes que se han vuelto a meter donde está la acción, luego de sufrir tremendas heridas. Me parece que hay tres factores recurrentes en el proceso de sanidad de esas personas: 1) la determinación firme; 2) su fe personal en Dios: "Todo lo puedo en Cristo que me fortalece"; y 3) el valor para trascender la tragedia o el dolor de sus vidas.

Quizá tú necesites la valentía para enfrentar una prueba física. Todos conocemos gente valerosa que ha superado tremendos obstáculos para recuperar el uso de una extremidad o hasta de todo su cuerpo.

Joni Eareckson Tada es un ejemplo perfecto de una que obtuvo victoria a pesar de un problema físico. Cuando era adolescente se zambulló en un lago, golpeó el fondo con su cabeza y se quebró el cuello. Nunca pudo volver a caminar. Joni ha trabajado dura y valerosamente para ser productiva en su vida: escribiendo libros, pintando cuadros y dibujando tarjetas de saludo hermosas, sosteniendo la pluma con sus dientes. Como si eso fuera poco, ella ha grabado música, ha hablado por la gente incapacitada y compartido su fe cristiana en todo el mundo con millones de personas. Por medio de Joni and Friends [Joni y Amigos], una organización que ella fundó, ha ayudado a que miles de personas con incapacidades hallen el valor para seguir adelante con sus vidas.

El equipamiento básico

Considera la historia de Dennis Byrd, un ex jugador profesional de fútbol americano que obtuvo éxito, fortuna y fama. Agrega una esposa bella, ¿y qué más podría pedir un hombre? No se esperaba que su carrera terminaría en un juego, dejándolo con el cuello roto y una parálisis. Pero, nuevamente, contra tremendas adversidades, Dennis tuvo una recuperación milagrosa. Con firme determinación y su fe personal en Dios, empezó un agotador programa de rehabilitación física que ha sido notablemente exitoso. Él es una inspiración no sólo para los fanáticos del equipo de los Jets de Nueva York sino para la gente de todas partes.

Por supuesto que la valentía no se demuestra solamente en los voluntarios para realizar expediciones peligrosas a lo desconocido. El valor no sólo surge en las situaciones de combate heroico. El valor no se necesita solamente para superar incapacidades físicas. Diariamente hay personas como tú y yo que ejercen su valentía aunque eso no sea reconocido en los titulares de las noticias. Sólo porque el presidente de los Estados Unidos no te condecore con la Medalla al Honor del Congreso, no significa que no te hayas portado con valentía. Se necesita valor para ser honesto Se necesita valor para ser fiel.

Le preguntaron a una joven atractiva, cuya trabajo exigía viajar mucho, si alguna vez le molestaba la atención masculina no solicitada. Ella respondió: "Nunca. Sólo digo siete palabras y me dejan sola de inmediato." "¿Y cuáles son esas siete palabras?" "Sencillamente pregunto: ¿Es usted un cristiano nacido de nuevo?"

Esa clase de respuesta es valerosa para esta joven. Aunque no sea la clase de heroísmo necesario para realizar una operación militar secreta, sin embargo, eso demuestra valentía verdadera. Dios se complace con eso y la capacita para superar situaciones dañinas que bien podrían abrumar a otras personas.

Paciencia

Somos los hijos de la generación del "compre ahora, pague después", y del "hoy usted se merece un descanso". Tenemos restaurantes que atravesamos conduciendo nuestro automóvil, tintorerías que preparan la ropa en una hora, cajeros de banco automáticos que funcionan las veinticuatro horas, lavadoras instantáneas de automóvil, y cambios de lubricante y aceite en diez minutos. Tenemos servicio rápidos de registro para arrendar automóviles, pizza a domicilio en treinta minutos, y hasta podemos comprar estampillas de correo desde nuestra casa. Todos tienen mucha prisa. Estamos tan ocupados en estar ocupados que no tenemos tiempo de pararnos a "oler las flores".

La paciencia es otra virtud sin precio de la cual carecemos terriblemente. Pero la vida requiere paciencia: a veces grandes cantidades de eso. Johann Wolfgang von Goethe escribió:

No debemos tener la esperanza de ser cosechadores
Y recoger el fruto maduro del maíz,
A menos que primero hayamos sido sembradores
Y regado los surcos con lágrimas.

No es sólo cómo lo entendemos,
Este místico mundo nuestro,
El campo de la vida producirá según la hagamos,
Una cosecha de espinas o de flores.

La paciencia es crucial para recibir el tierno toque de Dios. Todas las cosas obrarán para lo mejor en su tiempo.

Admito que la paciencia no es mi fuerte. Le ha llevado al Señor veintiséis años de pruebas y tribulaciones para ayudarme a ser más paciente. Me parezco mucho a la mujer que describe William Yates, el pastor de la iglesia bautista de Pfafftown, estado de Carolina del Norte.

En ese pequeño pueblo donde creció el pastor Yates, era tarea del policía contestar el teléfono del departamento de los bomberos y, luego, hacer sonar la alarma de incendios para llamar al deber a los voluntarios. Un sábado de mañana, su padre, el jefe de policía, acababa de entrar a la oficina cuando sonó el teléfono de los bomberos. Cuando lo contestó le llegó la voz del otro lado de la línea que decía frenética: "¡Mande el carro de incendio!", y quien llamaba colgó de un golpe.

Su papá se quedó estupefacto sin saber qué hacer. El teléfono volvió a sonar a los pocos minutos. Rápidamente lo tomó y dijo de nuevo: "Bomberos." De nuevo la voz que gritó: "¡Mande el carro de incendio!" Y de nuevo quien llamaba volvió a colgar de inmediato.

Dándose cuenta que posiblemente estaba en riesgo la casa de alguien, él salió corriendo para afuera y escrutó el cielo para ver si divisaba humo y, entonces, mandar los carros de incendio en esa dirección. Mientras estaba afuera, pensó un plan para impedir que colgara tan rápido la persona que llamaba, si es que volvía a llamar. Con toda seguridad, el teléfono volvió a sonar y él entró corriendo. Tomando el teléfono, dijo: "¿Dónde es el incendio?" La señora del otro lado de la línea gritó: "¡En la cocina!", y volvió a colgar de un golpe.

Yo me identifico mucho con esa anécdota. A veces la impaciencia puede causar mucho daño, a nosotros y al prójimo. Tenemos que darnos cuenta que, a veces, Dios opta por sanarnos en el transcurso del tiempo, no en un instante. He descubierto que la lesión de mi espalda entra en esa categoría. El Señor ha sido bondadoso conmigo al revelarme la naturaleza de la lesión, como asimismo un plan para sanarla. Pero ese plan exige tiempo para entregarme todo su beneficio. Si me pongo impaciente y trato de apurar el plan o lo tiro todo por la borda, mi espalda empeorará más de lo que estaba antes. Así, pues, debo tener paciencia y asociarme con Dios en mi sanidad.

Desdichadamente, son demasiados los de esta sociedad nuestra de ritmo acelerado que están muy obsesionados con lo inmediato y que se interesan muy poco en el largo plazo. A menudo esto me queda ilustrado en mi capacidad de pastor.

Mucha gente que va a la iglesia no quiere las disciplinas de Jesús. Quieren la diversión sin el compromiso. Para algunos la iglesia es como un bufete sueco, del cual eligen y sacan lo que quieren, corriendo a la mesa de los postres mientras que desechan las verduras y la carne.

Ellos se desinteresan cuando se trata de las reuniones de oración, del diezmo o de un grupo de estudio bíblico. Puede que vengan si la cosa es ligera, divertida y promete gratificación inmediata.

Esa clase de actitud impide el cultivo de la paciencia. Recuerda que Jesús fue quien dijo: "Si vosotros permaneciereis en mi palabra, seréis verdaderamente mis discípulos" (Juan 8:31). El fruto del discípulo es que él o ella lea, estudie y ame las palabras de Jesús y, por sobre todas las cosas, haga lo mejor que pueda para vivirlas en la práctica diaria. Se necesita paciencia para crecer en el conocimiento y la gracia de Dios.

Tenemos que frenarnos un poco y no tomarnos tan en serio. Tenemos que aferrarnos a lo eterno. Nosotros ni siquiera pensamos en el concepto de la eternidad muy a menudo. La eternidad es por siempre y para siempre. Pensamos desde el punto de vista del ahora u hoy o mañana. Olvidamos que el tiempo es más largo que nuestros pocos y cortos días en este planeta. La Escritura nos enseña que nuestra vida es "neblina que aparece por un poco de tiempo, y luego se desvanece" (Santiago 4:14). Somos tentados a perder el valor y la paciencia debido a nuestros problemas, pero todo el tiempo Dios está obrando en silencio.

Amigo mío, hay esperanza, hay una salida del enredo en que estás metido. Hay alguien que se interesa y hay respuesta. Vivir impaciente por las cosas de este mundo no es como quieres continuar. Estas cosas se van a desvanecer. La vida eterna te dará un propósito para el alba de mañana. Los principios eternos dan una razón para salir de la cama y ponerse en marcha.

La impaciencia y la falta de voluntad para confiar en que Dios haga lo bueno en su tiempo, llevan a perder la perspectiva. El doctor Jack Kevorkian, apodado "Doctor Muerte" por la prensa, trata con lo temporal. Cuando los enfermos de muerte acuden a Kevorkian, él sólo tiene una solución temporal. Vende la muerte como la única salida de estos dilemas físicos que rompen el corazón. Pero el suicidio y la muerte inmediata no son la única respuesta. Jesucristo, el Autor y Consumador de nuestra fe, tiene un mensaje de esperanza, un mensaje de valor eterno para dar. Piensa en los milagros que pudieran suceder en las vidas de los pacientes desesperados si se les diera esperanza. Aunque sus cuerpos mueran ellos seguirían viviendo todavía (ver Juan 11:25,26). Ellos se pasarían los últimos momentos en esta tierra gloriándose en la verdad de Romanos 8:18: "Pues tengo por cierto que las aflicciones del tiempo presente no son comparables con la gloria venidera que en nosotros ha de manifestarse."

Sin embargo, no condeno a los que hacen su prioridad de esta vida temporal. Entiendo cómo fue moldeado su pensar por las presiones de la sociedad, el modelo del sistema educacional humanista y una cultura cuyo fundamento se basa en el amor al dinero. No los condeno, pero trato de mostrarles un camino mejor. El camino de Jesús. El camino de la cruz. El camino de la confianza y la dependencia de un Dios amante que hace bien todas las cosas en su tiempo.

Me gusta mucho *Peanuts*, la tira cómica de Charles Schultz. En una de ellas, cuando la pequeña Sally era una bebé, Linus y Lucy la cuidaban mientras gateaba, y Linus preguntó: "¿Cuánto tiempo te parece que pasará antes que Sally empiece a caminar?" Lucy replicó: "¡Qué pregunta tan estúpida! ¿Qué apuro hay? ¡Deja que gatee un poco! ¡No la apures! Tiene todo el tiempo del mundo. Una vez que te pones de pie y empiezas a andar, te comprometes para toda la vida."

Debemos ser pacientes como enseñó Santiago en su epístola:

Hermanos míos, tened por sumo gozo cuando os halléis en diversas pruebas, sabiendo que la prueba de vuestra fe produce paciencia. Mas tenga la paciencia su obra completa, para que seáis perfectos y cabales, sin que os falte cosa alguna (Santiago 1:2-4).

He aprendido que la paciencia es fruto del Espíritu Santo, lo que significa que podemos clamar a Dios para que nos ayude a ganar paciencia.

Pero te advierto: No esperes recibirla de la noche a la mañana.

Perseverancia

Hay una tercera virtud en estrecha alianza con el valor y la paciencia, a la cual casi no vemos en estos días: la perseverancia. La perseverancia es lo que te capacita para seguir adelante cuando preferirías abandonar todo. La perseverancia es lo que te da la fuerza para vencer grandes obstáculos para alcanzar una meta deseada. La perseverancia es lo que te ayuda a levantarte del suelo, quizá por la segunda o tercera o hasta la enésima vez después que te derribaron, y seguir hasta el final.

La perseverancia casi siempre significa rechazar el rechazo de los demás tocante a ti. Muchos de los que se han levantado por encima del fracaso para acceder al logro real, han rechazado el rechazo de este mundo.

En 1902 el editor de poesía de la revista mensual *The Atlantic Monthly* devolvió unos cuantos poemas a un poeta de veintiocho años de edad con esta nota cortés: "Nuestra revista no tiene lugar para sus versos vigorosos." El poeta era Robert Frost, que rechazó el rechazo.

En 1905 la Universidad de Berna rechazó una tesis para el doctorado en filosofía por impertinente y fantasiosa. El joven estudiante de física que escribió el trabajo era Albert Einstein, que rechazó el rechazo.

En 1894 un profesor de retórica de la universidad de Harrow, Inglaterra, escribió en el informe sobre el desempeño de un estudiante de dieciséis años de edad: "Una notoria falta de éxito." Ese adolescente era Winston Churchill, que rechazó el rechazo.

Asombra notar la larga lista de los que han vencido la adversidad: Beethoven, cuyas mejores composiciones fueron logradas después que quedó sordo; Luis Pasteur, cuyos más grandes descubrimientos fueron hechos después que tuvo un infarto que le amenazó la vida; John Milton, cuyas mejores poesías fueron escritas después que quedó ciego; William Cowper, que escribió sus himnos más grandiosos en los momentos de lucidez que tenía entre los ataques de locura.

La perseverancia nos permite atravesar una situación difícil. Cuando el valor y la paciencia han hecho su obra, conducen a la perseverancia. Yo sé lo difícil que puede ser la vida. Yo sé lo fácil que es empezar a pensar que las cosas nunca cambiarán ni mejorarán. Yo sé que rendirse es fácil y que perseverar es difícil. Pero he hallado que la perseverancia no sólo es excelente para formar el carácter, sino que también conduce a recompensas que no pueden ganarse de otro modo.

Cuando los Estados Unidos salió del Viet Nam al terminar la guerra, hubo un enorme éxodo de gente que no quería vivir bajo el gobierno comunista. Estas personas desesperadas clamaban esperanza y un futuro para ellos mismos a la vez que sus hijos. A miles de estas personas se les permitió restablecerse en los Estados Unidos. Se usó una base de los Marines en el condado de San Diego, el Campo Pendelton, para tratar a estos nuevos inmigrantes. Hace años fui a la base para tratar de ayudar a restablecerse a muchas de esta querida gente.

Desde entonces me ha asombrado lo bien que la comunidad vietnamita se ha asimilado al estilo de vida norteamericano. Por intermedio de duro trabajo y perseverancia, dos tercios de ellos han encontrado trabajo y muchos de sus hijos son alumnos destacados de las escuelas norteamericanas. Estos son "la gente de los botes", los sobrevivientes de un viaje en que muchos murieron. Ellos nunca lo hubieran logrado sin grandes dosis de perseverancia.

Steve Palermo es otro hombre que conoce personalmente las recompensas de la perseverancia. ¿Te acuerdas de su trágica historia? A Steve lo balearon por la espalda el 6 de julio de 1991 cuando acudía en ayuda de la víctima de un robo en el estacionamiento de un restaurante de Dallas. Debido a sus heridas Steve perdió parcialmente el uso de sus piernas.

Antes de ser baleado Steve era un exitoso árbitro de la Liga Americana. Steve amaba su trabajo. Ingresó al cuerpo de árbitros de esa liga en 1977 cuando tenía veintisiete años. Trabajó en una de las Series Mundiales, cuatro Series de Campeonatos de la Liga y el Juego de Todas las Estrellas de 1986. Era un éxito en su campo y admirado y apreciado por sus colegas.

Momentos después de haber penetrado la bala en su cuerpo, todo eso se acabó. Nada salvo el recuerdo. ¿Qué hubieras hecho tú? ¿Cómo hubieras reaccionado? Steve podría haber dejado que esta tragedia le deformara su personalidad, llenándolo de lástima por sí mismo y rencor. En cambio, él trabajó cientos de horas en rehabilitarse y ha progresado tremendamente.

De hecho, no hace mucho que Steve fue nombrado asistente especial del presidente del directorio del consejo regulador de las ligas mayores del béisbol. Hoy, con ayuda de muletas, Steve camina y se para y efectúa un gran aporte al juego que aún ama.[1]

Nunca hubiera sucedido sin valentía, paciencia y, sobre todo, perseverancia. Steve dio inmediatamente los pasos para tratar su herida y su vida es un ejemplo atractivo de lo que puede lograr una acción tan determinada.

¿Y tú? ¿Cómo reaccionas a la herida y el dolor de tu propia vida? ¿Estás tentado a rendirte? ¿A ceder al rencor y la derrota? ¿A abrigar el dolor en lugar de tratar la herida? Te

---

1. "La historia de Steve Palermo", *USA Today*, 5 de abril de 1994.

ruego que no lo hagas. Ahora más que nunca tienes que pedir a Dios una porción extra de valentía, paciencia y perseverancia. Con su ayuda y la asistencia de amigos, puedes atravesar por este momento difícil. Puedes salir al otro lado del túnel con más fortaleza. Sea lo que sea que hagas, no te rindas. La vida puede volver a ser dulce una vez más. Como nos lo recuerda el escritor de Hebreos:

> *No perdáis, pues, vuestra confianza, que tiene grande galardón; porque os es necesaria la paciencia, para que habiendo hecho la voluntad de Dios, obtengáis la promesa. Porque aún un poquito, y el que ha de venir vendrá, y no tardará* (Hebreos 10:35-37).

La vida es difícil, no imposible

La vida es difícil, pero nunca es imposible. Para atravesar por los puntos difíciles de la vida, necesitamos valentía, paciencia y perseverancia. Puede que no sea fácil. Puede que no sea indoloro. Puede que no sea rápido. Pero Dios *honrará* tus pasos de fe. No apresures las cosas. Recuerda, Dios está obrando silenciosamente por ti.

El dolor de nuestras situaciones casi puede hacernos llamar a los doctores Kevorkian de este mundo, pero hoy sabemos que nunca haremos esa clase de llamada. El tierno toque de Dios nos alcanzará. Dios está obrando silenciosamente por nosotros. El diablo tratará hacernos maldecir a Dios. Tratará de alejar el buen razonamiento. Tratará de mantenernos lejos de la Biblia y la oración, pero no tenemos que rendirnos. Dios tiene abastecimientos ilimitados de valentía, paciencia y perseverancia en sus bodegas divinas, aunque es cosa nuestra pedirlas y usarlas.

El Señor nos instruye en los Salmos: "E invócame en el día de la angustia; te libraré, y tú me honrarás" (Salmo 50:15). Toda la ayuda que necesitas está a tu disposición, en este mismo momento. Quizá no tengas un historial de constancia. Quizá no sepas cómo rechazar el rechazo. Jesús te ayudará. ¿No le darás una oportunidad?

Tercera Parte

Dejar que Dios sane

El toque tierno de Dios

13

Una cascada de amor

El toque tierno de Dios

Si alguna vez tienes oportunidad de visitar el bello estado de Oregón, debes ir a ver la garganta del río Columbia. Verdaderamente es una de las grandes obras maestras de Dios: un Gran Cañón de Colorado en miniatura, con el torrentoso río Columbia que lo atraviesa retorciéndose, separando el estado de Washington en su costa norte y el estado de Oregón en su costa sur. Es indispensable verlo; está a menos de una hora del Aeropuerto Internacional de Portland en auto. Uno de mis lugares favoritos del planeta se halla a lo largo de la carretera panorámica que sigue a la garganta. Hay un sitio en particular de este paseo que tiene un lugar especial en mi corazón desde que yo era un niño en Portland.

La cascada Multnomah cae desde más de 1.800 metros a un hermoso pozo; luego fluye desde éste para volver a caer en cascada a un segundo pozo; luego sigue al río Columbia. Una pasarela, hecha en concreto durante los años treinta, permite pasar por un tramo a la cima de la cascada y explorar la montaña Larch. Si uno pisa muy cuidadosamente por la escalera lateral y baja hasta el borde del remanso, verá que el agua que cae en cascada por siglos ha excavado una enorme caverna. Se puede entrar en esa gruta y arrodillarse directamente detrás de la cascada mientras ésta cae al pozo. En el verano es la experiencia más refrescante del planeta. La neblina y el rocío caen dentro de la caverna y acarician la cara de uno. El rocío es tan suave que es como si el tierno toque de Dios te acariciara.

Cada vez que mis viajes me llevan a Portland, visito las cascadas Multnomah. Corta el aliento, da fuerzas y, para mí, es espiritualmente elevadora.

Hace un par de años el fundador de la editorial Harvest House, Bob Hawkins Sr., me permitió quedarme, con mis tres hijos, en la propiedad de su editorial situada en la costa de Oregón. Fue un viaje grandioso. Exploramos la costa, manejamos esos vehículos para andar en las dunas arenosas de la playa, luego nos fuimos al norte a visitar a otros pueblos costeros. Llegó el momento en que nos fuimos para Portland para ver el lugar donde crecí y donde fui a la escuela primaria y secundaria. Por último, llevé a mis hijos a las cascadas Multnomah. Entramos a la caverna y les dejé que ahí experimentaran la belleza de la creación de Dios.

Pocos meses atrás mi hijo Jonathan me mandó un regalo desde Nashville, donde va a la universidad. Cuando abrí el paquete, me sonreí. De alguna forma encontró un montaje fotográfico en blanco y negro de las cascadas Multnomah. La toma fue hecha desde el estacionamiento mirando hacia arriba de la magnífica cascada de nieve recientemente derretida. Tres días atrás, cuando me di un descanso de escribir en la computadora, fui a dar un paseo y me detuve en una galería de arte. Ahí, al frente mío, estaba una bella fotografía en colores de las cascadas Multnomah, tomada desde un ángulo diferente. Ahora soy el dueño de dos tomas fotográficas de uno de mis lugares favoritos de la tierra.

¿Una guía de viajes por el noroeste?

A estas alturas te preguntarás: "¿Por qué nos cuentas todo esto Mike? ¿Estamos haciendo una gira por el noroeste?" No, no. Quise fijar una imagen visual en tu mente que pueda ilustrar una verdad espiritual. Las cascadas Multnomah me recuerdan el amor infinito de Dios. De hecho, la noche en que di mi corazón a Jesús, fue como si hubiera estado debajo de una cascada de amor puro. El amor de Dios para mí fue como estar debajo de las cascadas Multnomah, dejando que su amor líquido llenara mi alma, sanando largos años de heridas.

Cuando por primera vez supe del amor de Dios por mí, sencillamente me quedé sobrecogido. No lograba entender su profundidad. ¿Dios me ama? ¿A mí? ¿Por qué me amaría Dios?

Entonces todo ocurrió al mismo tiempo. Había pedido oración, y cuando el ministro impuso su mano en mi cabeza y le pidió a Dios que me sanara de todo mi dolor y sufrimiento y que me llenara con el Espíritu Santo, "las cascadas Multnomah" se derramaron sobre mí. El tiempo se detuvo; yo me detuve; los pensamientos se detuvieron; el mundo se detuvo. Dios empezó a llenarme y llenarme con amor. Yo era como un vaso acogiendo el amor infinito de Dios, y su amor empezó a desbordarse de mí. Veintiséis años después, ese amor sigue impulsándome a amar a Dios y amar a la gente.

El amor de Dios era real y es real. Y ese amor sana mejor que cualquier medicina que la ciencia haya concebido jamás.

Una palabra única

¿Sabías que la palabra *amor* es una de las palabras más exclusivas del mundo? Cuando se escribió el Nuevo Testamento, el antiguo idioma griego usaba gran cantidad de palabras para referirse a diferentes clases de amor. Eso es muy sensato. ¿Cómo comparar el amor por el deporte de la tabla a vela con el amor que un hombre tiene por una mujer? O, ¿cómo comparar el amor que una madre tiene por su bebé recién nacido con el amor que tiene por el nuevo coche del bebito?

Hay dos palabras del antiguo griego que eran especialmente populares para describir diferentes clases de amor, pero esas dos palabras no tenían la fuerza suficiente para expresar el amor de Dios a la humanidad. Por tanto, los escritores del Nuevo Testamento tomaron una palabra muy poco usada y le infundieron nuevo significado. Por eso encontramos tres palabras en el Nuevo Testamento griego que se usan repetidamente para expresar la idea del amor.

La palabra *fileo*, que básicamente significa "tratar afectuosa o amablemente, dar la bienvenida a un amigo". La ciudad de Filadelfia, nombre que significa amor fraternal, obtiene su nombre de esta palabra.

La segunda palabra más corriente era *eros*. Derivamos de ella, en español e inglés, la palabra *erótico, erotismo*. Esta palabra describía la atracción física sensual. Pero naturalmente ninguna de estas palabras podían expresar en forma adecuada el profundo amor de Dios al mandar a su Hijo a morir por nosotros.

Por tanto, los escritores del Nuevo Testamento usaron la palabra *agape* para describir este amor mayor. *Agape* se refiere a una clase de amor profundo, un amor que da, un amor sacrificado, un amor nada egoísta. Esta clase de amor es paciente, amable, no envidia, no es orgulloso, no se enaltece a sí mismo, no se conduce mal, no busca su propio interés, no es fácilmente provocado, no se regocija en lo malo, se regocija en la verdad, soporta todas las cosas, cree todas las cosas, espera todas las cosas, tolera todas las cosas, y nunca falla. Cuando el *agape* obra en nuestras vidas, produce gozo, paz, paciencia, benignidad, bondad, fe, mansedumbre, dominio propio. Esa es una cantidad enorme de palabras que describen este amor, pero también es un reto enorme para expresar este amor en la experiencia diaria.

Este amor divino, rico, profundo de Dios es el que usa para sanar nuestras heridas. Este es el amor que viene con el tierno toque de Dios: un amor tan bello, tan refrescante, tan pacífico, pero tan poderoso que puede asemejarse a estar directamente abajo de las cascadas Multnomah en un cálido día de verano. Es un amor tan profundo que verdaderamente puede cubrir multitud de pecados.

Quizá hayan pasado años desde que diste o recibiste amor. Eso en sí mismo hiere gravemente a cualquiera. Cualesquiera sean tus circunstancias, este es el día para invocar a Dios para que te llene a rebosar con su amor *agape*. Hoy es el día para dejar que el tierno toque de Dios empiece tu proceso de curación.

Deja que se rompa la represa, que rebosen las aguas de la anegación y sé sanado hoy por el poder del amor *agape* de Dios. Es tan divino, tan satisfactorio, tan bello, tan conmovedor, tan real. Este amor de Dios muestra no sólo su afecto y profundo interés por ti sino que asimismo te muestra su personalidad. El apóstol Juan nos enseñó que Dios *es* amor. Lee el pasaje siguiente y regocíjate que eres amado por la todopoderosa fuente del amor:

Amados, amémonos unos a otros; porque el amor es de Dios. Todo aquel que ama, es nacido de Dios, y conoce a Dios. El que no ama, no ha conocido a Dios; porque Dios es amor. En esto se mostró el amor de Dios para con nosotros, en que Dios envió a su Hijo unigénito al mundo, para que vivamos por él. En esto consiste el amor: no en que nosotros hayamos amado a Dios, sino en que él nos amó a nosotros, y envió a su Hijo en propiciación por nuestros pecados.

Amados, si Dios nos ha amado así, debemos también nosotros amarnos unos a otros. Nadie ha visto jamás a Dios. Si nos amamos unos a otros, Dios permanece en nosotros, y su amor se ha perfeccionado en nosotros. En esto conocemos que permanecemos en Él, y Él en nosotros, en que nos ha dado de su Espíritu. Y nosotros hemos visto y testificamos que el Padre ha enviado al Hijo, el Salvador del mundo. Todo aquel que confiese que Jesús es el Hijo de Dios, Dios permanece en él, y él en Dios. Y nosotros hemos conocido y creído el amor que Dios tiene para con nosotros. Dios es amor; y el que permanece en amor, permanece en Dios, y Dios en él. En esto se ha perfeccionado el amor en nosotros, para que tengamos confianza en el día del juicio; pues como Él es, así somos nosotros en este mundo.

> Amado, amémonos unos a otros; porque el amor es de Dios. Todo aquel que ama, es nacido de Dios, y conoce a Dios. El que no ama, no ha conocido a Dios; porque Dios es amor.
> En esto se mostró el amor de Dios para con nosotros, en que Dios envió a su Hijo unigénito al mundo, para que vivamos por él.
> En esto cosiste el amor: no en que nosotros hayamos amado a Dios, sino en que él nos amó a nosotros, y envió a su Hijo en propiciación por nuestros pecados. Amados, si Dios nos ha amado así, debemos también nosotros amarnos unos a otros.
> Nadie ha visto jamás a Dios. Si nos amamos unos a otros, Dios permanece en nosotros, y su amor se ha perfeccionado en nosotros. En esto conocemos que permanecemos en él, y él en nosotros, en que nos ha dado su Espíritu. Y nosotros hemos visto y testificado que el Padre ha enviado al Hijo, el Salvador del mundo.
> Todo aquel que confiese que Jesús es el Hijo de Dios, Dios permanece en él, y él en Dios. Y nosotros hemos conocido y creído el amor que Dios tiene para con nosotros. Dios es amor; y el que permanece en amor,permance en Dios, y Dios en él.
> En el amor no hay temor, sino que el perfecto amor echa fuera el temor; porque el temor lleva en sí castigo. De donde el que teme, no ha sido perfeccionado en el amor. Nosotros le amamos a él, porque él nos amó primero. Si alguno dice: Yo amo a Dios, y aborrece a su hermano, es mentiroso. Pues el que no ama a su hermano a quien ha visto, ¿cómo puede amar a Dios a quien no ha visto? Y nosotros tenemos este mandamiento de él: El que ama a Dios, ame también a su hermano (1 Juan 4:7-21).

Fíjate que en estos cortos quince versículos, la palabra *amor* se usa veintiséis veces. Dios es amor, y Él te amó antes que tú le amaras a Él ¡En efecto, Él te amó aun antes que tú supieras que Él existía! Por supuesto que puedes aceptar o rechazar ese amor: esa es tu prerrogativa pero debes saber que Él te ama y está comprometido para compartir su amor contigo.

La locura de vivir sin el amor de Dios

La vida es locura sin el amor de Dios. Sin su amor presente en y a través de nosotros, no tenemos esperanza.

Una historia de la Segunda Guerra Mundial ilustra cuán loca puede llegar a ser la vida. En un lado estaban las trincheras llenas de alemanes; al otro, de norteamericanos. Entre ambas fuerzas yacía una tierra de nadie, angosta y desolada.

Un joven soldado alemán trató de cruzar esa tierra de nadie y fue baleado y quedó enredado en la alambrada de púas. Gritaba con mucha angustia, gimiendo periódicamente. Todos los norteamericanos podían oír entre las explosiones al hombre que gritaba de dolor. Cuando un soldado norteamericano no pudo seguir tolerándolo, dejó su trinchera y se arrastró, sobre su estómago, hacia el soldado enemigo. Cuando el lado norteamericano se dio cuenta de lo que estaba haciendo su camarada, dejaron de disparar. Pronto hubo un oficial alemán que se dio cuenta de lo que estaba pasando y ordenó a sus hombres un cese del fuego. Ahora un raro silencio envolvía la tierra de nadie.

Por fin el norteamericano se paró, llevando en sus brazos al alemán, caminó derecho a las trincheras enemigas y puso al soldado herido en los brazos de sus camaradas que esperaban. Entonces, el norteamericano se dio vuelta y empezó a cruzar de nuevo la tierra de nadie. Súbitamente una mano en su hombro lo hizo girar sobre sí mismo. Ahí estaba un oficial alemán que llevaba la Cruz de Hierro, la condecoración alemana de mayor honor por la valentía. El oficial se la arrancó de su uniforme y la pinchó en el del norteamericano, que siguió caminando de regreso a las trincheras norteamericanas. Cuando el soldado llegó a la seguridad, volvió a comenzar la locura de la guerra.

Cuán a menudo hacemos lo mismo. Nos hallamos en medio de problemas cuando súbitamente obtenemos una especie de descanso. Sentimos como que las cosas van a estar bien por un momento; la batalla cede y nosotros procedemos a hacer lo que es bueno. Entonces, en un pestañeo, volvemos a la locura. Regresamos a la batalla sin el amor de Dios que hace flotar nuestras almas.

Las dificultades y el corazón roto hacen que mucha gente crea que no tienen razón para seguir viviendo. Las cosas se ponen tan malas que imaginan que la única salida es suicidarse. Pero el suicidio nunca es la manera de parar la sangre, parar la herida y el sufrimiento. El suicidio sólo nos recuerda que la víctima ha perdido de vista al amor de Dios.

En los últimos cinco a diez años, los adolescentes de todo el mundo han cometido más suicidios que nunca antes en la historia. Los adolescentes norteamericanos parecen ir al frente del rebaño. Esta juventud desesperanzada ha perdido toda esperanza. Y eso no debiera asombrar en cierto modo. Si sus películas, escuelas, programas de televisión y familias no les reafirman que hay un futuro feliz a disposición de ellos, entonces, ¿por qué seguir viviendo? Todo el día están expuestos a la violencia en la música, violencia en la televisión, violencia en la casa, violencia en el cine, violencia en las aulas, violencia en la calle. ¿Dónde está la esperanza? ¿Hay una salida de este caos? ¡Sí! Es el amor de Dios. Esa es la respuesta; así de simple. Si quieres ser sanado, debes permitir que interceda el amor de Dios.

Amor y gozo

Dios quiere sanar tus heridas impartiendo amor y gozo. El amor y el gozo son dos poderes tremendos que vienen de Dios. Ambos poderes son una presencia profunda que llega a lo más hondo y tenebroso de tu alma para encender ahí la lámpara sanadora de Dios. El gozo fluye del pozo del amor. Cuando sentimos el tierno toque de Dios, experimentamos el amor de Dios por nosotros y para nosotros. Eso trae un gozo inexpresable. El amor de Dios puede sanarnos fácilmente hoy porque fue fiel ayer y ya ha hecho provisión para mañana. Como lo comentó el apóstol Pablo:

> *Cosas que ojo no vio, ni oído oyó, ni han subido en corazón de hombre, son las que Dios ha preparado para los que le aman* (1 Corintios 2:9).

Dios ha preparado algo para ti que es fuera de este mundo, literalmente. Nada hay que pueda impedirte eso, a menos que seas tú mismo. Este amor y este gozo es tremendo y es tuyo para que lo recibas:

> *Antes, en todas estas cosas somos más que vencedores por medio de aquel que nos amó. Por lo cual estoy seguro de que ni la muerte, ni la vida, ni ángeles, ni principados, ni potestades, ni lo presente, ni lo por venir, ni lo alto, ni lo profundo, ni ninguna otra cosa creada nos podrá separar del amor de Dios, que es en Cristo Jesús Señor nuestro* (Romanos 8:37-39).

Una gran cantidad de nuestras heridas procede de la falta de amor y gozo; pero sólo mezcla estos dos elementos en nuestra receta para vivir, y no hay gran cosa en materia de heridas, dolor y sufrimiento que puedan durar mucho. El hecho es que el gozo de Dios *sana.*

Sé que esto puede sonar simplista, demasiado fácil. La mayoría de nosotros, en nuestros momentos más cínicos, hemos cuestionado la sinceridad de los que dicen a los demás: "¡Que tengas un buen día!" Se oyó a una señora que le decía a otra que le deseó un buen día: "Tengo otros planes."

¿Puedo preguntarte, cuáles son tus planes? ¿Estás listo para llevar tus heridas a Dios y dejar que Él te sane? Te insto que te encargues hoy de tu vida y empieces el proceso que Dios ha presentado tan clara y cuidadosamente. Él hará todo lo que sea necesario si tú, sencillamente, estás listo y dispuesto. Dios te hará capaz. Él te ama mucho. Él ha estado enamorado de ti durante años. Él ha visto tus sonrisas y ha visto tus lágrimas. Dale una oportunidad a Jesús. Deja que Dios te sane de tus heridas. ¡Tú sabes que Él está listo para hacerlo! Su amor tiene el poder maravilloso para limpiarte hoy.

Jesús, el varón del gozo

Qué triste es ver que esté mundo va dando vueltas, buscando en todos los lugares equivocados el gozo y la felicidad y el amor. Jesús, como lo dice el doctor Sherwood Wirt en su reciente libro, es el varón del gozo. Aunque los pintores del Renacimiento retratan al Salvador como un hombrecillo triste, patético, emaciado, flaco, sin fuerza ni masculinidad u otros atributos masculinos que atraerían a las masas, ciertamente las Escrituras no lo retratan así. Ése no es el Jesús en que yo creo y al que amo tanto.

Sí, Él fue varón de dolores y no podemos pasar por alto ese aspecto de su carácter. Él fue brutalmente torturado antes que la crucifixión le quitara la vida. Pero no olvidemos jamás que fue "con voz fuerte" que Jesús gritó sus últimas palabras en la cruz. Fue una voz firme, afirmativa que nos recuerda que Dios estaba completamente al mando en el Calvario. Jesús no fue una pobre cosa sino una figura fuerte y poderosa que pagó el precio completo por nuestros pecados. Él fue un hombre que derramó su amor sobre aquellos que lo mataron.

El gozo del Señor es muy evidente en los relatos del evangelio. Gozo hubo en la tumba de un Lázaro resucitado, despejando la tristeza y desencanto de las hermanas del hombre muerto. Gozo hubo cuando el leproso volvió a dar gracias a Jesús. Gozo hubo cuando una mujer, atrapada en pleno acto de adulterio, fue perdonada y librada de su pecado. Gozo hubo cuando el sordo oyó, el ciego vio, y el cojo anduvo. Gozo hubo en las laderas de la montaña mientras las multitudes escuchaban las profundas enseñanzas de Jesús.

Una cascada de amor

Gozo hubo cuando los pequeñuelos se arremolinaron en torno a Jesús. Gozo hubo cuando el niño dio su almuerzo a Jesús para que Él hiciera el milagro y alimentara a miles. Gozo hubo cuando Jesús perdonó a Zaqueo por abusar de su autoridad. Gozo hubo cuando Jesús se puso de pie en el bote y detuvo la tormenta. Gozo hubo en ese primer día de la semana en que alboreó y las mujeres supieron que Jesús había resucitado desde los muertos. Ellas corrieron "con gran temor y gozo" a contarlo a los discípulos. Adonde fuera Jesús, el gozo iba junto a y con Él.

A menudo nuestras heridas nos impiden el gozo de vivir. Muy frecuentemente nos olvidamos de los buenos tiempos que han tenido nuestras familias. Nos olvidamos cómo hemos pasado antes por tiempos difíciles y logramos seguir adelante. Phil Dunagan dijo una vez: "El Espíritu Santo suele ser comparado con una llama o un fuego. Pablo le dijo a Timoteo que avivara el fuego del don de Dios. La palabra griega que se traduce 'avivar' significa 'volver a encender'."

Ahora bien, esto exige cierto esfuerzo personal. Una de las maneras más seguras para avivar al Espíritu es tomar la "vara avivadora" de tu memoria y remover algunos hechos pasados de tu vida. Recuerda las veces en que Dios ha intervenido en tu vida y contestado tus oraciones. Medita en tus bendiciones. Arroja al fuego de Dios los "leños" de la alabanza, la acción de gracias y la gratitud, y ve si la llama del Espíritu Santo no arde con más fulgor que antes.

Es maravilloso ver el gozo de Dios. Eso, junto con su amor, es lo que captó mi atención, me atrajo a Él e hizo que le rindiera mi vida hace veintiséis años. Es ese gozo de vivir implícito, ese gozo efervescente de verle a Él, que puede hacernos cruzar por entremedio de nuestras heridas y experiencias penosas de la vida.

Deja que el gozo del Señor llene hoy tu corazón. Has visto que debes parar la sangre y tratar la herida. Una vez que eso esté hecho, debes descansar en el amor de Dios y dejar que Dios sane tus heridas.

La roca que nunca cambia

En 1995 algo terrible pasó en Oregón. Recibí una copia de la primera plana del *Oregonian*, el periódico más grande del estado, que tenía una horrenda fotografía a todo color junto con un artículo inquietante. El artículo contaba el desprendimiento de un enorme peñasco, de varias toneladas de peso, desde una ladera de la montaña Larch, peñasco que se estrelló a varios cientos de metros más abajo, directamente en el pozo de la cascada Multnomah. El peñasco golpeó el bello pozo con tanta fuerza que envió un rociado de rocas aguzadas y muchos litros de agua por encima de la parte superior del puente, donde había gente de un festejo de bodas tomando fotos.

Desdichadamente ya no se permite que peatones pasen por la pequeña senda desde el puente a la gruta. Las autoridades ya no dejan que las visitas sientan el rocío amoroso sobre sus rostros dentro de la caverna. Ya no me permitirán visitar mi sitio preferido, donde se detenía el tiempo y me dejaba volver a ser niño. "No Pasar" dice el cartel. Qué triste es que las generaciones futuras nunca sabrán lo que pudieron haber visto y vivido. Me duele que la cascada Multnomah, uno de mis lugares favoritos de la tierra, haya cambiado.

Pero recuerdo que nunca cambia la realidad espiritual que ese lugar me evoca. La cascada Multnomah pueden perder algo de su magia por los desastres que causa la erosión; pero el amor de Dios nunca se erosiona, nunca se ensombrece, nunca disminuye, nunca para. Dios nunca pondrá a su amor un cartel que diga "No Pasar". En efecto, el único cartel que siempre he visto ahí está escrito con letras grandes, destacadas en la tinta eterna del cielo: ¡VEN, ENTRA! ¡EL AGUA ES EXQUISITA!

O como lo dijo el salmista: "Gustad, y ved que es bueno Jehová" (Salmo 34:8).

14

En Su tiempo

El toque tierno de Dios

Durante años Donna Arlow fue una fiel maestra de escuela dominical. Durante la semana iba a la universidad en San Diego y, cuando finalmente se graduó, siguió en la escuela de leyes de la Universidad de San Diego. Cuando Donna aprobó el examen de la asociación de abogados, se fue a vivir con sus padres en la playa Huntington, a eso de hora y media de San Diego en automóvil.

A pesar de la distancia, ella empezaba el viaje a eso de las seis de la mañana de cada domingo, para llegar a la iglesia a tiempo y enseñar a su clase de la escuela dominical para niños; pasaba la tarde con amigos, iba al estudio bíblico vespertino, y luego se tomaba otra hora y media para volver a su casa. Al día siguiente se levantaba a las cuatro de la mañana, se vestía, manejaba una hora aproximadamente hasta las Colinas Beverly, donde trabajaba con una firma del bulevar Wilshire. En su calidad de "persona de bajo rango en la empresa", Donna llegaba temprano para evitar los atascos del tráfico de Los Ángeles. Los informes del año pasado dijeron que la velocidad promedio en las autopistas de Los Angeles era de unos cincuenta y seis kilómetros por hora, y que al comienzo del nuevo siglo sería de unos treinta kilómetros por hora.[1]

Donna solía ser la primera en llegar todos los días. Veintinueve abogados trabajaban en esta firma, como es común para el funcionamiento de una gran firma de abogados. Donna empezaba todos los días con una devoción bíblica, calladamente en su pequeña oficina, cosa que su jefe siempre notaba. Él era uno de los tres socios propietarios de esta exitosa firma legal, con oficinas en el piso superior del edificio de un banco. Luego de varios meses de esta rutina diaria, Donna y su jefe se conocieron mejor, y ella empezó a hablarle de Jesús. Donna y otros amigos que vivían en la zona de las Colinas Beverly, querían empezar un estudio bíblico a mitad de semana, así que me ofrecí de voluntario para uno en las noches de los martes, para unas treinta o cuarenta personas por semana.

Fue durante esa época que Paul Engstrom, el jefe de Donna, dio su vida al Señor. Un año después yo oficié la ceremonia de boda de ellos.

Un día me llamó Donna y me preguntó si yo podría ir al hospital a visitar a una amiga de su familia, muy anciana y muy querida. Sus padres, ambos inmigrantes de Irlanda, habían conocido a esta señora y su esposo cuando todos habían llegado juntos, muchos años atrás. La señora estaba en el hospital muriendo de cáncer y no le daban muchos días más para vivir.

Llamé a los encantadores padres de Donna para que me ilustraran sobre esta señora. La querían mucho; era como un familiar para ellos. Su principal preocupación era el alma de la señora; dudaban que siquiera fuese nacida de nuevo. Lo que más querían era que ella oyera el evangelio de Jesucristo.

Llamaron a su amiga y le dijeron que yo iba a pasar a verla. Cuando llegué me saludó toda la familia de la señora.

---

1. NT: La velocidad promedio legal en las autopistas norteamericanas es de casi ciento cinco kilómetros por hora, aumentando en ciertas carreteras.

En Su tiempo

Por lo que pude entender, ellos dijeron que quizá viviera dos días más. Puesto que yo nunca había conocido a la señora ni a sus hijos ni nietos, me sentía un poco raro. Cuando me presenté a la familia, todos empezaron a salir del cuarto. Les pedí por favor que se quedaran y que yo volvería después, pero una de sus hijas me llevó a un lado y dijo que era importante que yo estuviera ahí y conversara a fondo con su madre.

Luego de unos quince a veinte minutos de establecer conexiones, sentí que era hora de hablar de Dios. Sabiendo que ella había vivido toda su vida sin Él, quise ser especialmente sensible a sus necesidades. Era una mujer encantadora con una personalidad deliciosa y un trato elegante. Era del tipo que te hace sentir como si hubieran sido amigos siempre.

Dije que aunque no quería avergonzarla ni incomodarla, tenía que cambiar de tema. Al fin le dije torpemente: "Sus amigos, los Arlow, están muy preocupados por su alma, así que me gustaría hablar con usted sobre Dios y el cielo."

"¡Oh!", exclamó ella con tremendo entusiasmo en su rostro iluminado. "¿Quiere usted decir eso de nacer de nuevo y arrepentirme de mis pecados y pedirle a Jesucristo que entre a mi corazón para ser mi Señor y Salvador?"

Boquiabierto, tomé unos momentos para recobrar el habla y dije: "Vaya, sí. Eso es exactamente lo que me gustaría hablar con usted."

Con una sonrisa que podía derretir a un témpano, ella dijo: "Michael, no te preocupes por mí. La semana pasada una joven que trabaja como voluntaria en el hospital vino a verme todos los días, y me decía que Jesús me amaba. Se sentaba conmigo y me explicaba todo, y me preguntó si yo quería nacer de nuevo. Le dije que seguro que sí, y le pregunté qué debía hacer yo. Y esta dulce muchacha me tomó de la mano y oró conmigo, y yo le pedí a Jesús que entrara en mi corazón. Desde entonces he estado muy feliz, aunque sí tengo una pregunta."

"¿Cuál es su pregunta?", dije.

Su pregunta resuena en mi mente esta noche mientras la escribo: "¿Por qué no lo hice antes? Nuestra familia hubiera sido muy feliz con Jesús."

Dios había estado obrando todo el tiempo. Por alguna razón, Él estaba esperando que una adolescente voluntaria compartiera su fe con esta querida señora. ¿Quién sabe quién es esta joven o dónde está? Dios sabe, y eso es lo que cuenta. Ella había hecho mi trabajo antes que yo siquiera llegara. Probablemente, esta joven ha llevado a muchas personas al Señor, y esta querida señora ayudó a edificar su confianza en sí misma para poder llegar a otros pacientes que están cerca de la muerte.

Imagínate: ella puede estar al lado de tu lecho de hospital un día y orar *contigo*. Dios también quiso seguir edificando la amistad entre Donna, Paul, sus padres y yo a través de esta experiencia.

Dios ve el rompecabezas de la vida mucho más de lo que podríamos tú y yo. Bueno es que aprendamos que Dios está sanando cuándo, dónde, a quién, por qué y cómo Él quiere. Él obra sanando nuestras heridas aunque pensemos que Él se ha olvidado totalmente de nosotros.

Un bebé perdido hace mucho tiempo

En el verano que siguió a la muerte de mi hermano, empecé a salir con mi vecina que era dos años mayor que yo. Ninguno de los dos esperábamos siquiera que un año más tarde tendríamos un bebé. Mil novecientos sesenta y uno no era como los años noventa, en que predominan los embarazos de adolescentes solteras. Era una vergüenza para la niña y una vergüenza para ambas familias. Fuimos separados por nuestros padres y el bebé fue dado en adopción al nacer. Nunca supe siquiera si era niño o niña.

Nadie puede imaginar la culpa y la pena que sentí. Era doloroso darme cuenta que yo era padre y responsable por dejar embarazada a mi novia. Acostumbraba a quedarme parado en la ventana de nuestro departamento del segundo piso, mirando fijo hacia fuera y llorando. Mi hermano Kent me consolaba y daba ánimos, diciéndome que todo saldría bien.

Mi pena de adolescente se ahondó muchísimo. Yo había dañado la vida de una persona, la había avergonzado frente a su familia y amistades. Había herido a mi madre y hermano y había traído al mundo a un bebé que nunca vería. Sabía de la herida y rabia profundas de los padres de la madre, pero no había nada que hacer.

Como decimos en todo este libro, el dolor puede paralizarnos si lo permitimos. Bueno, yo lo permití. Empecé mi último año de la secundaria tan lleno de culpa, pesar y trastornos emocionales que dejé de ir a la escuela.

Pero ahí no termina el cuento. En 1992 Dios me sanó notablemente de esa vieja herida de treinta y un años. En su tiempo, para su gloria y nuestro bien, Él concretó para mí la verdad increíble de Romanos 8:28: "Y sabemos que a los que aman a Dios, todas las cosas les ayudan a bien, esto es, a los que conforme a su propósito son llamados." Pasó como narro a continuación.

Greg Laurie y yo somos amigos por veinticuatro años. Greg pastorea hoy una congregación de más de diez mil miembros, habla en el conocido programa radial "Comienzos Nuevos" y es un logrado evangelista de Harvest Crusades [Cruzadas de Cosecha], que ha llevado cientos de miles de personas al Señor.

Dios tenía un plan maravilloso para la primera cruzada de cosecha vespertina de Greg, en el anfiteatro Campo Lindo del condado de Orange. Esta noche no sólo iba a presenciar la entrada de cientos de personas en el reino de Dios, sino que el Señor iba a reunir a dos miembros de su familia. Franklin Graham, Dennis Agajanian y Greg estaban conversando entre bastidores. Yo estaba a la izquierda de Greg. Me volví para saludar a Tom Gazi, un buen amigo que trabaja como policía de Newport Beach. Tom estaba encargado de la seguridad en aquella noche.

Cuando me volví nuevamente hacia mi derecha, Greg se había ido y Karen Johnson estaba en su lugar. Karen es la esposa de Jeff Johnson, el pastor de Capilla Calvario, de Downey, California. Karen empezó La Casa de Rut, un ministerio de la iglesia, al cual supervisa. Esta obra ayuda a mujeres con embarazos indeseables para que sigan un camino diferente al del aborto. Sus voluntarias ayudan con amor a que estas mujeres atraviesen su crisis y les dan casa y apoyo médico, emocional y financiero.

La Casa de Rut también hace todos los arreglos necesarios para la adopción legal de los bebés. Los posibles padres adoptivos son cabalmente investigados de modo que la madre biológica tiene la seguridad de que su bebé será colocado en un buen hogar cristiano. Aunque habían pasado tres décadas desde que yo perdí contacto con mi primer hijo, sin saber por qué le pregunté a Karen: "¿Crees que podrían hallar un bebé nacido en 1961?" Ella preguntó si yo conocía detalles del nacimiento, como el nombre de la madre, la fecha de nacimiento, el número del documento de identidad, el número del seguro social, el número de teléfono, la dirección. Yo no sabía nada de eso, salvo el nombre de la madre. Luego me preguntó el nombre del hospital. Yo no tenía ni idea, sólo que estaba en alguna parte de la zona de la bahía de San Francisco.

Eso no es mucho para empezar. Si consideramos los condados de San Mateo, Contra Costa, Marin, Alameda, Santa Clara y San Francisco, estamos hablando de una zona de nueve mil setecientos cincuenta y un kilómetros cuadrados. Ese es un terreno muy grande para explorar, a fin de hallar a un bebé perdido que ahora tendría treinta años de edad. Los cinco condados tienen una población de unos cinco millones trescientos dos mil setecientos noventa y siete personas. Esta búsqueda se asemeja a buscar una aguja en un pajar, ¿o no?

Luego, ella me preguntó si yo sabía el nombre o la dirección del médico que se encargó del nacimiento del bebé. Ahora bien, en 1992 había diecinueve mil trescientos dieciocho médicos en la zona de estos cinco condados de la bahía.

¿Cuáles eran las probabilidades de que el médico de 1961 todavía estuviera en la zona de la bahía, o tan siquiera en el estado de California? ¿Cuáles eran las probabilidades de que siquiera estuviera todavía vivo? Él debería ser muy anciano. Karen anotó toda la poca información que yo tenía, dijo que haría lo que pudiera y prometió ponerse en contacto conmigo si llegaba a encontrar algo.

Cuando volví a casa le conté a Sandy este raro suceso. Antes de mi encuentro con Karen no se me había ocurrido buscar a este hijo. Aun cuando Karen me hablaba, era obvio que yo no tenía suficientes datos para empezar una búsqueda. Yo no quería ni tratar de averiguar dónde estaba la madre del bebé y molestarla. Habían pasado casi treinta años desde que nos habíamos visto o hablado.

Sandy no se turbó por este nuevo acontecimiento. Ella es una persona muy especial. En nuestra primera cita de 1966 le conté de este bebé. Ella siempre me alentó a buscar el hijo. Durante años, después que nos casamos, Sandy siempre presintió que un día, estando ella en casa, golpearían la puerta y al abrir habría ahí una persona adulta preguntando: "¿Vive aquí Mike MacIntosh?"

Oramos al respecto y lo dejamos hasta ahí. Nunca esperamos saber nada de parte de Karen porque el asunto aparentaba gran imposibilidad.

Tres meses después, Sandy iba a hablar en una conferencia de esposas de pastores. Resulta que Karen estaba en el cuarto de Sandy, revisando con ella sus anotaciones. De pronto, Karen dijo: "¡Oh, qué cosa! Me olvidé decirte que encontré el bebé de Mike. Es una niña." Antes de tener tiempo para reaccionar, Sandy miró su reloj viendo que era la hora de su conferencia. Por supuesto, estuvo más que distraída mientras trató de comunicarse con seiscientas mujeres.

Luego que Sandy terminó de hablar, se precipitó al teléfono público más cercano para informarme que se había encontrado al bebé. "Estupefacto" sería lo que mejor describiría mi reacción. Los detalles eran pocos. Se había hallado un certificado de nacimiento donde estaban inscritas las palabras "bebé niña MacIntosh". La fecha de nacimiento era 19 de agosto de 1961.

En ese momento el amor de Dios me pareció más brillante. La ocupación del padre adoptivo estaba registrada como "profesor de teología". Me quedé sobrecogido. ¿Podría ser que esta niña hubiera sido adoptada por una familia cristiana? Tantas preguntas pasaron veloces por mi mente: ¿La encontraría alguna vez? ¿Querría ella conocerme? ¿Sería esto una carga para Sandy? ¿Y qué del hombre y la mujer que criaron a la niña? ¿Representaría yo una amenaza o les causaría dolor? ¿Qué pasaría con nuestros cinco bellos hijos? ¿Les heriría esto? ¿Se enojarían o trastornarían si encontrásemos a mi hija perdida por tanto tiempo?

Sandy y yo optamos por proceder con lentitud en este asunto, esperando varias semanas antes de continuar. Entonces, reunimos a la familia, fuimos a comer, les contamos la noticia y recibimos sus reacciones. Hubo toda clase de preguntas. Observamos y escuchamos atentamente las diferentes reacciones, pero ninguno de nuestros cinco hijos estaba ofendido. Acordaron por unanimidad que yo debía "seguir adelante" y encontrar a su hermana perdida.

Somos una familia muy unida y todos nuestros muchachos son adultos jóvenes; si uno de ellos hubiera demostrado o expresado cierta renuencia tocante a este asunto, yo me hubiera detenido ahí mismo y esperado años, de ser necesario, para proceder. Amamos y respetamos a todos nuestros hijos, y Sandy sentía que en este asunto debíamos respetar por sobre todo a sus sentimientos.

Lo próximo que hice fue empezar a explorar metódicamente todos los seminarios teológicos de la zona de la bahía de San Francisco; nuevamente una tarea monumental para encontrar una escuela que a lo mejor no existía ya. Además, ¿cuántas instituciones tendrían los archivos de empleados retroactivos al verano de 1961? Yo sabía que esto iba a ser un trabajo enorme. ¿Dónde encontraría a mi hija? Ella podía vivir en cualquiera de los cincuenta estados o en un país extranjero... o podía haber fallecido.

Ahí es cuando vino al rescate ese bueno de Tom Gazi. Una noche, cuando le conté en lo que yo estaba, mencionó que tenía un amigo que era un experto en encontrar personas perdidas. Con mucho gusto él lo llamaría para ver si algo resultaba. Mientras tanto, yo tenía que irme a una escuela por dos semanas para terminar mi grado de doctor en ministerio. El alumnado estaba compuesto por unos treinta y cinco pastores más de diversas denominaciones y ciudades norteamericanas. Un día empezamos a hablar algo de nosotros mismos, por turnos, y a presentar un pedido de oración. Yo expliqué que estaba buscando a mi hija y pedí que oraran por mí y me recordaran en sus oraciones. ¡Siempre ayuda tener una docena de buenos ministros orando por uno!

Llegó y pasó la Navidad; el Año Nuevo pasó. Luego, Tom me llamó para decirme que había hallado tres familias al norte de California que encajaban en el perfil que estábamos buscando. ¿Quería yo llamar? Después de dos números que resultaron negativos, Sandy y yo nos sentamos en mi oficina, nos tomamos de la mano y oramos. Luego, marqué el número, pero colgué antes que alguien respondiera. Estaba asustado.

Llamé a Karen en la tarde siguiente para pedirle que llamara y viera si ése era el matrimonio. Ella llamó a la casa del doctor Bernard Northrup y su esposa Juanita, en Redding, California.

"Hola, ¿está Joy Northrup?"

"Pues, no, ella está en su casa."

"¿Tiene a mano el número de su teléfono?"

"¿De qué se trata?"

"Se trata de una reunión."

"¿De la secundaria?"

"Algo parecido."

"Aquí tiene el número."

"Gracias."

Karen nos llamó inmediatamente. No sólo había hallado al matrimonio, sino que tenía el número de teléfono de la "bebé niña MacIntosh" de treinta años de edad. ¡Asombroso!

Hay millones de números telefónicos en los Estados Unidos; yo tenía uno que representaba un desastre potencial o un milagro inmediato. Le pregunté a Karen si ella haría la llamada por mí; yo estaba demasiado nervioso. ¿Qué pasaría si mi hija no quería verme? ¿Qué pasaría si ella hubiera albergado rencor todos estos años por haber sido adoptada? Sabíamos que Karen manejaría sabiamente el asunto.

Nuestro teléfono sonó menos de cinco minutos después. Era Karen. Había hablado con esta mujer-misterio de mi vida, y descubierto que ella quería hablar conmigo. ¿Haría yo el favor de llamarla?

Karen me dio su número de teléfono y nos quedamos atónitos al descubrir que ella estaba en la zona de nuestro código telefónico, apenas a dos horas de nuestra casa en automóvil. ¡Increíble! Cuando llamé, Sandy y yo oramos juntos y nos sentamos tomados de la mano.

"Hola, ¿es Joy?"

"Sí."

"No estoy seguro si te gustará o no esto, pero yo soy Mike MacIntosh. Yo soy tu padre."

Para acortar un largo cuento, ¡le gustó!

Una de las primeras cosas que me preguntó fue: "¿Eres cristiano?"

"Sí, lo soy."

"¿Quieres decir que no tengo que evangelizarte?"

No sólo sorprendente, sino increíble. Dios no sólo paró la sangre y trató la herida; ahora estaba sanándola. Créeme, por favor. Si piensas que no puedes aclarar el pasado, ¡tienes absolutamente toda la razón! Tú no puedes, pero Dios sí puede. Dios es el Sanador, así que déjale que lo haga.

Al día siguiente salté a mi automóvil, armado con osos de peluche y rosas, y fui a conocerla. Faltando unos tres kilómetros para llegar a su casa, estaba oyendo la estación de radio de "las viejas pero buenas canciones". Irónicamente, estaban tocando una canción de la época de mi adolescencia: "Papito está en casa". Al detenerme frente a la casa de Joy, la canción finalizaba con estas palabras: "Papito está en casa, para quedarse."

En las próximas horas nos pusimos al día. Yo quería garantizarle que era mejor que yo no la hubiera criado: un adolescente de diecisiete que no maduró hasta que llegó a los veintiséis. La terrible década de los años sesenta se mezclaba con un estilo de vida impropio para criar hijos.

Ella afirma hasta hoy que yo me robé la conversación. Tiene razón; yo temía no volver a verla más, así que quería compartir todos los detalles de nuestra vida.

A eso de las dos de la madrugada decidimos que era hora de terminar. Antes de irme, su marido preguntó: "¿Tienes dudas de que Joy sea tu hija?" Mi respuesta fue sencilla y directa: "Bueno, ella se parece mucho a su madre, por lo que puedo recordar."

Luego él dijo: "¿Y las fechas? ¿No crees que las fechas tienen algo que ver con esto?"

Las fechas a que se refería eran las siguientes:

- Mi hermano David murió en un accidente de automóvil un 19 de agosto; Joy nació un 19 de agosto.
- Mi madre nació un 12 de agosto; la hija mayor de Joy nació un 12 de agosto.
- Yo nací un 26 de marzo; el 26 de marzo del año pasado Joy tuvo una niña que nació muerta. Joy la llamó Victoria Michelle. En francés, Michelle es Michael, mi nombre.

¡Eso era todo lo que yo necesitaba escuchar! De seguro ella era mi hija.

El gran Dios de la creación había vigilado muy de cerca las vidas de Michael y Joy y las había entrelazado con hermosa maestría. ¿Qué probabilidades había de que todas esas fechas encajaran? Claro, supongo que debo mencionar que nuestro hijo menor, Philip, nació un 30 de octubre. Un año después de encontrar a Joy, ella dio a luz a su tercera hija, Paige (adivinaste) un 30 de octubre. Probablemente ya te hayas dado cuenta que Joy me había hecho un abuelo instantáneo: Tara, Whitney y Paige, tres jóvenes preciosas que ahora tienen un abuelo extra para amarlas.

Como nota aparte, el doctor Northrup y su esposa son gente de calidad. Me aceptaron en sus vidas con los brazos abiertos y corazones amantes. Todos somos amigos y nos maravillamos con la obra de Dios.

Un comentario final. Tengo la mejor esposa del mundo. Sandy ha aceptado a Joy y a sus hijas como si fueran propias. Pienso, para mis adentros, que eso es lo hace que todo esto sea tan especial. El amor que Sandy tiene por mi primera hija refleja verdaderamente el amor que Dios tiene por todos nosotros.

Sí, Dios es el Sanador. Él sanó mi corazón y me puso todo en perspectiva. Su tiempo fue justamente eso: *Su* tiempo. Él esperó todos esos años, guardando todo justo para el momento debido.

¿Y cómo puedo decir que era el momento debido? Cuando, por fin, me comuniqué con Joy, ella y su familia acababan de mudarse desde Florida a California. Su esposo había empezado un trabajo nuevo y no conocían a nadie. Su bebé acababa de morir; ella misma había tenido ictericia. Estaba cansada, deprimida y sentía como que Dios no estuviera ahí.

Al mismo tiempo, yo también estaba cansado, agotado de andar por todo el mundo durante los últimos veinte años. Había orado: "Dios, por favor, muéstrame que me amas. No porque yo sea ministro. No sólo porque sea marido y padre cristiano, sino muéstrame que me amas sólo por mí." Más adelante descubrí que Joy había orado casi lo mismo casi en el mismo momento.

Sorprendente, ¿no? Espero que tú hayas empezado a darte cuenta que el Dios de la Biblia es el Sanador de todas tus heridas. ¿Sabías que la Biblia dice: "Aunque mi padre y mi madre me dejaran, con todo, Jehová me recogerá" (Salmo 27:10)? Esa Escritura fue ciertamente verdadera para la "bebé niña MacIntosh": un ministro bautista y su esposa resultaron ser la encarnación de los brazos amantes de Dios. La ternura del amor de madre no iba a provenir de su propia carne y sangre, pues el corazón de una asustada mujer de dieciocho años no era capaz de dar lo que Joy necesitaba. Pero el corazón de Dios tocó a Joy a través del corazón de una santa mujer que oraba por tener una niña. El corazón de Dios respondió a sus oraciones y llenó sus vidas con un ¡GOZO de verdad![2] Era el tierno toque de Dios obrando otra vez.

Gracias al Señor que Él es el Sanador. Deja que Dios sane hasta esas viejas, y al parecer perdidas, heridas y dolores que sentiste cuando eras adolescente o incluso cuando eras un bebé que empezaba a dar sus primeros pasos. Él hace todo hermoso en su tiempo.

El tiempo es corto

En alguna parte encontré este texto anónimo que siempre me recuerda que el tiempo es corto. Debemos disfrutar el tiempo que tenemos. Es el bien más precioso que nos es dado. Debemos permitir que Dios use el tiempo que tenemos para traernos su amor, gozo, bendiciones, sanidad interior y ánimo, por intermedio de las situaciones dolorosas que encaremos. Su obra de unir situaciones y personas toma tiempo.

Si pudiera vivir de nuevo mi vida

Me atrevería a equivocarme más la próxima vez,
me soltaría, sería más flexible,
sería más tonto de lo que fui en este viaje,
tomaría menos cosas en serio,
me arriesgaría más, treparía más montañas
y nadaría en más ríos.

---

2. NT: El autor hace aquí un juego de palabras: en inglés Joy significa "gozo", que también se usa como nombre propio.

Comería más helados y menos legumbres,
quizá tendría más problemas concretos
pero menos problemas imaginarios.

Mira, yo soy una de esas personas que viven
racional y cuerdamente hora tras hora, día tras día.

Oh, tuve mis buenos momentos, y si pudiera
revivirlos tendría más de ellos.
De hecho, no intentaría hacer otra cosa,
sólo momentos, uno tras otro, en vez de vivir
tantos años anticipadamente.

He sido una de esas personas que nunca van
a ninguna parte sin un termómetro,
una bolsa de agua caliente, un impermeable
y un paracaídas.

Si pudiera vivir de nuevo, viajaría con menos
peso del que llevé.
Si pudiera vivir de nuevo mi vida,
saldría descalzo lo más temprano posible
en la primavera,
y seguiría así hasta más avanzado el otoño,
iría a más cenas,
andaría en más alegres carruseles
juntaría más flores silvestres.

Es hora de oler las flores y juntar más flores silvestres. Invoca ahora a Dios y pídele que lleve tu vida a su horario perfecto. Entonces, aparecerá el amigo, o el médico, o el extraño indicado, con las respuestas correctas, las palabras apropiadas o el tierno toque adecuado.

Como dice Santiago 4, debemos reconocer que no controlamos nuestros destinos terrenales. Sólo Dios sabe qué nos traerá la próxima hora; así que, aprendamos a dejar que Él siga adelante con su plan:

¡Vamos ahora! los que decís: Hoy y mañana iremos a tal ciudad, y estaremos allá un año, y traficaremos, y ganaremos; cuando no sabéis lo que será mañana. Porque ¿qué es vuestra vida? Ciertamente es neblina que se aparece por un poco de tiempo, y luego se desvanece. En lugar de lo cual deberíais decir: Si el Señor quiere, viviremos y haremos esto o aquello. Pero ahora os jactáis en vuestras soberbias. Toda jactancia semejante es mala (Santiago 4:13-16).

Confiemos en que el amor del Señor complete nuestra sanidad plena... en *Su* tiempo.

15

Dos es mejor que uno

El toque tierno de Dios

Decididamente los amigos que se interesan por uno son parte del proceso de curación de Dios.

La manera con que elijo a mis amigos íntimos es bien sencilla. Busco gente que fue herida, que sepa de qué se trata la vida. He aprendido que los más fieles son aquellos que sufrieron la pérdida de un ser querido o pasaron por una situación traumática que los dejó indefensos. Habitualmente, tales experiencias humillan a las personas de forma tal que les hace valorar la vida.

El dolor y la herida acercan a la gente entre sí. El sufrimiento también humilla a la persona, volviéndola más comprensiva para con el prójimo y sus debilidades. Las experiencias dolorosas debieran ablandar a la gente y, volverlos, para usar una cita famosa del ex presidente George Bush, "personas más amables y bondadosas". Los hombres y las mujeres que fracasaron en los negocios, el matrimonio, la adicción, o lo que sea, tienden también a frenarse para no herir a otras personas y, de hecho, son agentes poderosos de la sanidad.

Los amigos ayudan a consolar

Escribiéndoles a los cristianos de la ciudad de Corinto, decía el apóstol Pablo:

> *Bendito sea el Dios y Padre de nuestro Señor Jesucristo, Padre de misericordias y Dios de toda consolación, el cual nos consuela en todas nuestras tribulaciones, para que podamos también nosotros consolar a los que están en cualquier tribulación, por medio de la consolación con que nosotros somos consolados por Dios* (2 Corintios 1:3, 4).

Este pasaje bíblico nos dice por lo menos cuatro cosas:

1. Dios es el Padre de las misericordias.
2. Dios es el Dios de todo consuelo.
3. Dios consuela en todas las situaciones.
4. Dios nos capacita por medio del dolor para consolar a otros como Él nos consoló a nosotros.

Esta es una descripción clásica del tierno toque de Dios. Él usa una situación dolorosa de mi vida y me consuela. Al mismo tiempo pretende que ahora yo comparta este consuelo con la primera persona que encuentre necesitada de ayuda. De lo contrario, yo me pierdo una sanidad auténtica, si no uso para el bien del prójimo lo que Dios trajo a mi vida. La pregunta es: ¿aprendí algo de esto? En caso afirmativo, con mucho gusto ayudaré al prójimo y seré sensible para con ellos. Pues ni siquiera es que tenga que hacer "gran cosa" por ellos.

La historia de Teddy

Les voy a contar una historia que me ha llegado al corazón como ninguna otra. La leí por primera vez en el libro de Chuck Swindoll, titulado: *The Quest for Character* [En busca de carácter].[1] Ilustra la importancia de un amigo en la vida de alguien que sufre.

Teddy Stallard no se interesaba por los estudios. Su ropa estaba arrugada y su pelo siempre despeinado. Teddy siempre tenía una expresión que no decía nada, con un semblante de ojos vidriosos y mirada desenfocada. No era atractivo, lucía falto de motivación e incomunicativo.

Cuando su maestra, la señorita Thompson, le hablaba a Teddy, siempre él respondía con monosílabos; sencillamente era difícil que Teddy gustara a nadie. Aunque su maestra decía que amaba por igual a todos los alumnos de su curso, por dentro sabía que no decía toda la verdad.

Cada vez que corregía las tareas de Teddy, sentía un cierto placer perverso al poner X en las respuestas malas, y cuando ponía la mala nota, arriba en la primera página, siempre lo hacía como con gusto. Ella no tenía por qué hacerlo así. Tenía el expediente de Teddy y sabía de él más de lo que quería reconocer. El expediente decía:

Primer año: Teddy se ve prometedor en su trabajo y actitud, pero tiene una mala situación en su hogar.

Segundo año: Teddy podría rendir mejor. La madre está gravemente enferma. Él recibe poca ayuda en casa.

Tercer año: Teddy es un chico bueno, pero demasiado serio. Aprende lento. Su madre murió este año.

---

1. Chuck Swindoll, *The Quest for Character*, Portland, Oregón, Multnomah Press, 1987, págs. 177-81.

Cuarto año: Teddy está muy lento, pero se comporta bien. Su padre no muestra interés.

Llegó la Navidad y los niños y las niñas del curso de la señorita Thompson le trajeron sus regalos. Apilaron los paquetes en su escritorio y se amontonaron alrededor para mirar cuando ella los abriera. Entre los regalos había uno de Teddy Stallard. La señorita Thompson se sorprendió de que él le hubiera traído un regalo, pero así era.

El regalo de Teddy estaba envuelto en papel corriente y sujetado con cinta adhesiva. En el papel estaban escritas estas sencillas palabras: "Para la señorita Thompson, de Teddy". Cuando ella abrió el regalo de Teddy, encontró un brazalete de piedras chillonas, al que le faltaba la mitad de las piedras, y un frasco de perfume barato.

Los otros niños y niñas empezaron a reírse y sonreír afectadamente al ver el regalo de Teddy; pero, al menos, la señorita Thompson tuvo suficiente sentido para hacerlos callar, poniéndose de inmediato el brazalete y algo de perfume en su muñeca. Levantó su muñeca para que los niños olieran, y dijo: "¿No huele bien?" Y los niños, entendiendo a la profesora, asintieron rápidamente con exclamaciones de "oh" y "ah".

Al terminar el día, cuando las clases habían finalizado y los otros niños se habían ido, Teddy se quedó atrás. Vino lentamente al escritorio y dijo con suavidad: "Señorita Thompson... señorita Thompson, usted huele como mi madre... y su brazalete también se ve realmente lindo en usted. Me alegro de que le hayan gustado mis regalos."

Cuando Teddy se fue, la señorita Thompson se arrodilló y le pidió a Dios que la perdonara. Al día siguiente, cuando los niños volvieron a clases, fueron recibidos por una nueva profesora. La señorita Thompson se había convertido en una persona diferente. Ya no era sólo una profesora más; se había vuelto un agente de Dios.

Ahora era una persona dedicada a amar a sus niños y hacer por ellos cosas que perdurarían aun después que ella no

Dos es mejor que uno

estuviera. Ayudaba a todos los niños, pero especialmente a Teddy Stallard. Al terminar ese año escolar, Teddy mostró una mejoría espectacular. Se había puesto a la par de la mayoría de los alumnos y hasta estaba adelantado respecto de algunos.

Ella no supo de Teddy por mucho tiempo. Un día recibió una carta que decía:

> Querida señorita Thompson:
> Quería que usted fuera la primera en saberlo. Me graduaré en el segundo lugar del curso.
>
> Cariños,
> Teddy Stallard

Cuatro años después llegó otra misiva:

> Querida señorita Thompson:
> Me acaban de decir que me graduaré en el primer lugar del curso. Quería que usted fuera la primera en saberlo. La universidad no ha sido fácil, pero me gustó.
>
> Cariños,
> Teddy Stallard

Y cuatro años después, otra misiva:

> Querida señorita Thompson:
> Desde hoy yo soy el doctor Teddy Stallard. ¿Qué le parece esto? Quería que usted fuera la primera en saberlo. Me caso el mes que viene, el 27 para ser exacto.
> Quiero que venga y se siente donde se hubiera sentado mi madre si hubiera estado viva. Usted es la única familia que tengo ahora; papá murió el año pasado.
>
> Cariños,
> Teddy Stallard

La señorita Thompson fue a esa boda y se sentó donde se hubiera sentado la madre de Teddy.

¿No te parece que esta historia lo dice casi todo? Los Teddy Stallard de este mundo son dejados atrás si no tienen amigos. Desdichadamente, también los pisotean o los tiran a un lado. Estoy seguro que muchos integrantes de las pandillas de hoy tienen historias parecidas a la de Teddy. La señorita Thompson optó por amar a Teddy y comprenderlo. La vida de este niño fue sanada sencillamente porque una amiga se interesó lo suficiente para consolarlo.

¿Quiere decir que no tengo que matarme?

Hace un par de años yo fui desde San Diego al condado Orange para almorzar con un viejo amigo, al que no había visto por más de tres o cuatro años. La hora y media de viaje me dio tiempo para pensar y soñar despierto. Me acordé de cosas que habíamos hecho juntos en el ministerio. Me acordé de la manera en que él ayudó a mi familia con dinero cuando tuvimos necesidad.

Después de almorzar fuimos a su oficina y le conté de la obra que estábamos haciendo con la juventud. Se interesó por la Línea Directa de Crisis de la Juventud Nacional, así que le dije que podía monitorear una llamada junto conmigo. Marqué mi código de acceso y entramos justo en una sesión de consejería. Todo lo que oímos por un par de minutos fueron sollozos y llanto. Luego, habló la voz de una adolescente.

"¿Quiere decir... quiere decir... que si dejo el revólver y no me mato, usted será mi amiga?"

Habíamos conectado con una llamada de suicidio. Evidentemente la muchacha tenía problemas tan grandes que no podía encararlos sola, y pensaba matarse. Sin embargo, antes de apretar el gatillo, llamó a la Línea Directa, y al otro lado había un oído comprensivo y compasivo, alguien que se hizo amiga de ella.

Fue la falta de amigos lo que hizo que esta desesperada joven pensara suicidarse. Su soledad la estaba consumiendo desde hacía mucho tiempo. Felizmente, escuchó el sabio consejo, dejó el revólver, y se fue a la casa de unos vecinos a pedir socorro. A partir de ahí, la consejera conversó con ella en presencia de un adulto y pudo calmar la situación sin que ocurriera una tragedia.

Los amigos, los amigos verdaderos, nos escuchan. Podemos hablar por horas de nada que sea significativo y, entonces, cuando finalmente terminamos de expresar todo lo que tenemos adentro, ellos siguen siendo todo oídos. Eso facilita el proceso de curación para todos nosotros.

Así, pues, habla con un amigo. Cuéntale toda la historia. Deja que tus amigos sepan cómo te sientes en realidad y qué te llevó a este momento difícil por el que estás pasando. Recuerda que nada hay como un amigo para ayudar a soportar la carga.

Sabias palabras de amistad

La Biblia tiene muchos versículos sobre los amigos. Tomemos unos momentos y miremos algunas de estas "sabias palabras de amistad":

"En todo tiempo ama el amigo"
(Proverbios 17:17).

"Fieles son las heridas del que ama"
(Proverbios 27:6).

"No dejes a tu amigo ni al amigo de tu padre"
(Proverbios 27:10).

El amigo debe demostrar compasión

(Job 6:14).

Mejores son dos que uno
(Eclesiastés 4:9-12).

No canses a tus amigos
(Proverbios 25:17; 27:14).

El pobre no tiene muchas amistades
(Proverbios 14:20).

El chisme separa hasta los mejores amigos
(Proverbios 16:28; 17:9).

*La dulzura del consejo cordial de un amigo
alegra al corazón*
(Proverbios 27:9).

Abraham fue el amigo de Dios
(2 Crónicas 20:7; Isaías 41:8).

Jonatán fue amigo de David
(1 Samuel 20:30-33; 23:16,17; 2 Samuel 1:26).

Husai se puso de parte de David en su juicio
(2 Samuel 15:31-37; 16:15-23).

*Cornelio reunió a sus amigos para que
oyeran el evangelio*
(Hechos 10:24).

La Biblia también nos dice que Jesucristo es un formidable modelo del papel del amigo. Él es el amigo que permanece más cerca que un hermano (Proverbios 18:24) y el amigo de pecadores (Mateo 11:19).

Aunque los discípulos de Jesús le reconocieron decididamente como líder, maestro y señor, llegó el momento en que el mismo Jesús dijo que su relación con sus discípulos iba a cambiar. Lee las palabras del apóstol Juan que registra la escena:

Este es mi mandamiento: Que os améis unos a otros, como yo os he amado. Nadie tiene mayor amor que este, que uno ponga su vida por sus amigos. Vosotros sois mis amigos, si hacéis lo que yo os mando. Ya no os llamaré siervos, porque el siervo no sabe lo que hace su señor; pero os he llamado amigos, porque todas las cosas que oí de mi Padre, os las he dado a conocer (Juan 15:12-15).

¿No es maravilloso saber que Jesús mira a la gente como sus amigos? Él no se siente como rey, con nosotros como sus siervos; o como una superestrella con sus fanáticos. Nuestro Señor y Salvador condescendió a llamarnos sus amigos, ¡y qué Amigo formidable que es!

Todos necesitamos amistades

Las amistades son de lo más grande que hay y tú las necesitas. Sin amistades nos quedamos solitarios. Un estudio hecho por el Consejo Norteamericano de Seguros de Vida informó que el grupo más aislado de los Estados Unidos es el de los estudiantes universitarios. Cuesta mucho creer eso. Con todas las fiestas, los equipos escolares que tienen para seguir y tanta gente de sus cursos para conocer: ¡eso es asombroso! Luego sigue en la lista la gente divorciada, los beneficiarios de la caridad pública, las madres solteras, los estudiantes de zonas rurales, las amas de casa y los ancianos.

Es fácil entender que sin amistades la vida puede ser más difícil de lo que tiene que ser. Cuando salen mal los negocios, necesitas un amigo con quien conversar. Después del divorcio, necesitas un amigo que te ayude con la pena. Cuando la muerte visitó a tu familia, los amigos ponen la nota diferente.

Hoy hablé por teléfono con un hombre de nuestra iglesia cuya esposa murió ayer. Los servicios fúnebres serán mañana: "¿Cómo te las estás arreglando?", le pregunté. Me contestó con confianza y seguridad: "Mi grupo de confraternización sencillamente se está portando en forma grandiosa." Nuestra iglesia tiene unos ciento veinticinco de esos grupos de confraternización en el hogar. El estudio de la Biblia, la adoración, la oración y la unión de los amigos se da mucho mejor en un grupo pequeño entrelazado de manera estrecha. Son estas amistades de la iglesia las que ayudan a este hombre a llevar el peso de la tragedia. Ellos están viviendo en la práctica el mandamiento de Gálatas 6:2, que dice: "Sobrellevad los unos las cargas de los otros, y cumplid así la ley de Cristo."

Alguien escribió estas palabras en forma anónima: "La amistad duplica nuestro gozo y divide nuestro pesar." ¿No es un sentimiento grande cuando estás enfermo y un amigo te llama o viene para ver qué pasa y saber si puede ayudar? O, cuando el garaje necesita limpieza y el dormitorio una mano nueva de pintura, cuán maravilloso es que vengan las amistades y nos ayuden. La tarea se simplifica con el aporte de ellos. Parece que el tiempo vuela cuando dos o tres personas conversan y se ríen mientras ejecutan una tarea indeseable.

Hace poco unos amigos de Colorado nos permitieron usar su casa. Nunca nos hubiéramos podido dar el lujo de alquilar una casa tan linda, pero ellos nos la ofrecieron gratis. Qué emocionante tener bajo el mismo techo a la mayoría de nuestros hijos y nietos, con una vista panorámica total de los Montañas Rocosas y con nieve por todas partes. Qué gozo esquiar con mis hijos crecidos y leer cuentos y pintar con mis preciosas nietas. Toda una semana completa de risas, amor y familia; sin problemas que solucionar, ni gente descontenta que calmar, sin urgencia, sin presupuestos, sin presiones; sólo amor, gozo y paz. Nos reíamos hasta bien avanzada la noche. Nos reíamos temprano en la mañana. En la piscina con calefacción nos distendíamos. Jugábamos en la nieve. Orábamos en la misma mesa de comer. Fue un tajada de cielo.

En la semana siguiente a nuestro regreso vi al dueño de la casa en una reunión de directivos. Marsh es un hombre tan bondadoso, generoso y amante (las mismas características tiene Debbie, su esposa). Le dije que nuestros muchachos le mandarían una carta personal para agradecer a él y su esposa por el magnífico tiempo que disfrutó nuestra familia en su hogar. Él bajó humildemente su cabeza y dijo contrito: "Quisiera que no hicieran eso." Él y su esposa dedicaron a Dios y a sus siervos ese paraíso de las Montañas Rocosas. No quieren ningún reconocimiento; sólo querían bendecirnos como amigos.

Marsh comprende que "es más bendecido dar que recibir". Los amigos disfrutan bendiciéndose unos a otros, y debemos aprender a cómo recibir con gracia la bondad de ellos.

Rosas amarillas para un amigo

Henry Penn, ex presidente de la Sociedad de Floristas Norteamericanos, cuenta lo que llama uno de los incidentes más memorables de su vida de florista.[2] Un día entraron a su tienda dos niños y una niña, todos de unos diez años de edad. Vestían ropa raída, pero tenían limpia la cara y las manos. Los niños se quitaron sus gorras cuando entraron a la tienda. Uno de ellos dio un paso adelante y dijo con solemnidad:

"Nosotros somos una delegación y quisiéramos unas flores amarillas muy bonitas."

Penn les mostró unas flores de primavera baratas, pero el niño dijo: "Creo que quisiéramos algo mejor que eso."

"¿Tienen que ser amarillas?", preguntó Penn.

"Sí, señor", sonó la respuesta.

"A Mickey le gustarían mucho más si fueran amarillas porque él tenía una chaqueta amarilla."

"¿Son para un funeral?", preguntó quedamente el florista.

El niño asintió, mientras que la niña se dio vuelta para contener las lágrimas.

"Ella es su hermana", explicó el niño. "Él era un buen muchacho. Un camión... ayer... él estaba jugando en la calle. Vimos como pasó."

Entonces el otro niño agregó: "Nosotros, los muchachos, hicimos una colecta. Tenemos dieciocho centavos. ¿Las rosas serían mucho más caras, señor? ¿Rosas amarillas?"

Conmovido por la historia de la tragedia, la lealtad, el amor y la amistad de estos niños, Penn replicó: "Tengo unas rosas amarillas muy bonitas aquí, que vendo por dieciocho centavos la docena."

---

2. *Henry Penn*, tomado de Bible Illustrator, Parsons Technology, Inc., 1990-91. Todos los derechos reservados. Usado con autorización.

"¡Fantástico! ¡Esas serían estupendas!", exclamó uno de los niños.

"A Mickey le gustarían esas", confirmó el otro.

"Yo haré un lindo arreglo", prometió el comprensivo florista, "con helechos y una cinta. ¿Dónde tengo que enviarlas?"

"¿Señor, estaría bien si nosotros las lleváramos ahora?", preguntó uno de los niños.

"Nos gustaría más llevarlas y dárselas nosotros mismos a Mickey. A él le gustaría más de esa manera."

Penn aceptó los dieciocho centavos y "la comitiva", llevando las flores que "le gustarían a Mickey", salió de la tienda. Penn dijo: "Durante días me sentí como elevado. Sin saberlo ellos yo participé en el tributo a su amigo." Y los amigos ayudaron a que una hermana soportara su profunda pena.

Deja que florezca el capullo

Es importante recibir el tierno toque de Dios para permitir que el amor de los amigos entre a tu situación. Déjalos que te amen, sirviéndote y ayudándote en medio de las dificultades que enfrentas. Déjalos que usen sus dones para servirte. Quizá hayas salido recién del hospital. Puedes sentirte raro con la atención de ellos, pero tus amigos quieren demostrar su amor, cocinando para tu familia o lavando tu ropa. Déjalos que lo hagan. Recuerda que Jesús tuvo ayuda para llevar su cruz colina arriba, al Gólgota. Dispónte a recibir la ayuda de un amigo. Ringo Starr ganó mucho dinero cantando: "Me las arreglo con un poquito de ayuda de mis amigos." No sólo se enriqueció, sino que tenía la razón en este aspecto.

La amistad es una gran herramienta sanadora que el Señor usa en nuestras vidas. Deja que la amistad forme un capullo que florezca bellamente por completo. Acepta la ayuda de los que más te quieren y déjalos que te amen de manera generosa hasta que sanes. Sabes que tú harías lo mismo por ellos.

Mi amigo John Dahlberg entró a mi vida cuando mi salud empeoró a fondo, hace unos cuantos años. Su generosidad y cuidado fueron factores importante para facilitar mi curación. Dios lo bendijo con un negocio de gran éxito y una esposa e hijos hermosos.

A John le encanta el mar. El vive en la bahía y tiene un bote amarrado en un muelle que está detrás de su casa. Un día, cuando estábamos de vacaciones, ofreció pedir a su capitán que llevara a mi familia a una travesía (él y su familia estaban fuera de la ciudad). Mi primera reacción fue que yo ni siquiera me podía dar el lujo de pagar el combustible para salir del muelle. Sin embargo, él y su esposa Marilyn querían compartir sus bendiciones con Sandy y conmigo. Finalmente, le aceptamos el ofrecimiento y con nuestra familia subimos a bordo y zarpamos al sur, desde la playa de Puerto Nuevo hasta Punta Dana, California, para almorzar. Luego de un gran desayuno en un restaurante al lado del muelle, nos volvimos a hacer a la mar. El día estaba maravilloso: soleado, poco más de 26 grados centígrados y la mar en calma.

El capitán Brent dijo: "Nos alejaremos como kilómetro y medio de la costa para ver si hallamos algunos delfines." ¡Hallar algunos delfines! Sí que hallamos algunos delfines. Súbitamente, montones de delfines saltaron del agua desde todos lados: cientos de delfines. De diez a veinte iban nadando en la amplia estela de ambos lados de la embarcación. En todo momento veíamos cinco delfines por cada lado, turnándose por la popa con unas tres a cuatro docenas en ambos lados que navegaban con nosotros a toda velocidad.

Fue tan bello y emocionante. Estuvimos como una hora disfrutando de estos nuevos amigos. Los gritos alegres de los niños se unieron a los míos. Nos divertimos como nunca.

Hubo un momento en que miré para atrás y vi cuán felices estaban Sandy y los chicos. Incliné mi cabeza y le agradecí a Jesús por enviar a esa cantidad de delfines y darnos tanto gozo. Luego le agradecí por nuestros queridos amigos John y Marilyn. Ellos sabían lo cansado que yo estaba, y quisieron bendecirnos. ¡Ciertamente lo hicieron!

Si estás cansado, agotado o con mucho dolor, recuerda que el gozo de la amistad puede traer a tu vida un gran poder sanador. Los buenos amigos pueden facilitar tu recuperación. Sobre todo recuerda que Jesús es tu mejor amigo y le bendice ver que tú y tus amistades se aman unos a otros. Su tierno toque suele llegarnos por medio de los amigos. Así, pues, sé amigo y deja que tus amistades te bendigan a través de su amor.

> Has visto los Diez Mandamientos de la Amistad? No sé quién los escribió, pero son tan buenos que quise reproducirlos aquí:
>
> **UNO: Habla con la gente.** No hay nada como un saludo alegre.
>
> **DOS: Sonríe a la gente.** ¡Se necesitan setenta y dos músculos para fruncir el ceño, pero sólo catorce para sonreír!
>
> **TRES: Llama a la gente por su nombre propio.** La música más dulce para el oído de todos es el sonido de su propio nombre.
>
> **CUATRO: Sé amistoso y servicial.** Brinda amistad si quieres tener amistades.
>
> **CINCO: Sé cordial.** Habla y compórtate como si todo lo que haces fuera un verdadero placer.
>
> **SEIS: Ten auténtico interés en la gente.** Todos te pueden simpatizar, SI LO INTENTAS.
>
> **SIETE: Sé generoso con el elogio.** Cauto con la crítica.
>
> **OCHO: Considera los sentimientos del prójimo.** Esto te será apreciado.
>
> **NUEVE: Toma en cuenta las opiniones del prójimo.**
>
> **DIEZ: Debes mantenerte listo para servir.** ¡Lo que más cuenta en la vida es lo que hacemos por el prójimo!

16

Vislumbres del cielo

El toque tierno de Dios

Una de las peores heridas que podemos arrastrar con nosotros es la pérdida de un ser querido. La muerte es un misterio tremendo, como lo es el "más allá", tema que han abordado varios autores en los últimos veinte años. La experiencia de estar en los umbrales de la muerte ha sido tema de polémica y mucha investigación.

La gente que dice casi haberse muerto, suele hablar de una luz blanca misteriosa al final de un túnel. Algunas de estas historias nos dejan confundidos y llenos de duda. Nos preguntamos: *¿Es el cielo así en realidad?*

Estos relatos contrastan con las imágenes estériles que muchos tienen del cielo, lleno de gente vestida con túnicas blancas que anda flotando por el firmamento en blancas nubes vaporosas. Cuando alguno de nosotros trata de imaginarse el cielo, pensamos en aureolas sobre la cabeza y arpas de oro en las manos de cada persona; nada emocionante para el tipo aventurero.

No podemos dejar de preguntarnos: *¿Es el cielo como alguno de esos cuadros? ¿Podemos saber algo del cielo antes de llegar allá?* Mucha gente, cristianos incluidos, dudan de que podamos.

D. L. Moody habla del cielo

Miles de almas en Inglaterra y los Estados Unidos están hoy en el cielo debido a la vida y mensaje de D. L. Moody. Su ministerio, a fines del siglo diecinueve, impactó profundamente al mundo de habla inglesa.

Probablemente Moody haya predicado sobre el tema del cielo más a menudo que de cualquier otro tema en su prolongado ministerio evangelizador. Una noche en que iba camino a predicar, un amigo le preguntó: "Señor Moody, ¿sobre qué va a predicar?"

"Voy a predicar sobre el cielo", replicó. Cuando una mueca cruzó la cara de su amigo, Moody preguntó: "¿Por qué pones esa cara?"

"Pues, por su tema del cielo. ¿De qué sirve hablar de un tema que es pura especulación? Es desperdiciar el tiempo hablar de un tema del cual sólo se puede especular."

Moody contestó: "Si el Señor no quisiera que habláramos del cielo, nunca nos hubiera hablado de ese lugar en las Escrituras y, como dice Timoteo: "Toda la Escritura es inspirada por Dios, y útil para enseñar, para redargüir, para corregir, para instruir en justicia" (2 Timoteo 3:16).

Esa noche Moody dijo lo siguiente en un sermón titulado "El cielo y los que están ahí":

> No hay parte de la Palabra de Dios que no sea provechosa, y creo que si los hombres leyeran las Escrituras con más cuidado, pensarían más en el cielo. Si queremos que los hombres fijen sus corazones y su atención en el cielo, debemos hacerles leer más de eso. Los hombres que dicen que el cielo es una especulación, no han leído sus Biblias. Hay alusiones al cielo por todas partes de la bendecida Biblia. Si yo les leyera

todos los pasajes sobre el cielo que hay de Génesis al Apocalipsis, tendría que estar haciéndolo toda la noche y mañana. Recientemente tomé algunos pasajes y se los mostré a una señora. Ella dijo: "Vaya, no pensé que hubiera tanto sobre el cielo en la Biblia."

Si yo tuviera que irme a vivir a un país extranjero, desearía saber todo lo referido a este: su clima, sus habitantes, sus costumbres, sus privilegios, su gobierno. No hallaría nada sobre tal país que no me interesara. Supongamos que ustedes fueran a ir al África, a Alemania, a la China, para establece su residencia en uno de esos lugares y que yo acabara de llegar de uno de esos países. Con cuánta atención escucharían lo que yo contara. Puedo imaginarme cómo los ancianos y los jóvenes y los sordos se aglomerarían a mi alrededor y levantarían sus manos para aprender algo de eso.

Pero hay un país en que ustedes van a pasar todo su futuro y no les interesa qué clase de país es. Amigos míos, ¿dónde, pues, se van a pasar la eternidad?[1]

Me pregunto: ¿te has puesto a pensar en la naturaleza del lugar dónde vas a pasar la eternidad? Esto no es especulación ociosa; de hecho, la Biblia nos dice mucho sobre el cielo. Primeramente, la Escritura deja bien claro que en el cielo obtendremos la sanidad completa de todos nuestros males y dolores. Pero la cosa sigue mucho más allá de eso. Nos permite vislumbrar lo que el cielo es en realidad.

Tomemos un momento para mirar al cielo. Este es uno de esos temas que la gran mayoría realmente no entiende. No obstante, cuando logramos entender con claridad la verdad tocante al cielo, nos resulta más fácil relajarnos.

---

1. *The Best of D. L. Moody*, editado por Wilber M. Smith, Chicago, Moody Press, 1971, pp. 197-99.

¿Qué dice la Biblia?

Charles H. Spurgeon, el gran predicador descriptivo británico del siglo diecinueve, dijo una vez a sus alumnos: "Cuando hablen del cielo, dejen que su rostro se ilumine con gloria celestial. Cuando hablen del infierno, basta con su cara de todos los días."

Las caras de los apóstoles Pablo y Juan ciertamente se iluminaban cuando hablaban del cielo. Sus conceptos pueden ayudarnos a entender más sobre nuestro hogar futuro.

Pablo nos dice en 2 Corintios 12 que conoció a un hombre (podemos suponer que era el mismo Pablo) que fue arrebatado al tercer cielo (si fue en su cuerpo físico o fuera del cuerpo, eso no lo sabía) y vio cosas que eran inenarrable. ¿Qué es este "tercer cielo"?

El primer cielo es nuestro firmamento y nuestra atmósfera, donde vuelan las aves. El hombre puede volar en el primer cielo usando los aviones.

El segundo cielo es el universo que está más allá de nosotros; donde nuestro sistema solar gira en torno a nuestro sol en una galaxia conocida como la Vía Láctea, que tan sólo es una de las incontables galaxias que surcan el espacio. Los científicos nos dicen que nuestro universo, que constituye todo el segundo cielo, aproximadamente tiene quince mil millones de años luz de diámetro. Un año luz es la distancia que la luz viaja en un año. La velocidad de la luz es de casi trescientos mil kilómetros por segundo. Multiplica eso por sesenta segundos; luego, eso por sesenta minutos; luego, eso por veinticuatro horas de un día. Ahora sabes cuánto viaja la luz en un día. Por último, multiplica esa cifra por trescientos sesenta y cinco y tendrás la cantidad de kilómetros de sólo un año luz. Ahora multiplica este número por quince mil millones, y tienes el cuadro de que no somos sino una punto en el vasto universo.

En alguna parte, más allá de los límites de nuestro universo conocido, está el tercer cielo, donde el Señor está reinando en su trono. Lo más probable es que esto sea lo que quiso decir Pablo cuando dijo que fue arrebatado al tercer cielo. Naturalmente, eran "inenarrables" las cosas que vio allí. ¿Cómo podría él describir lo que vio? La belleza y la gloria del cielo eran tan sobrecogedoras que, sencillamente, no pudo encontrar palabras para expresar su magnificencia. No importa cuál idioma hubiera escogido, pues no había palabra terrenal que pudiera, siquiera, empezar a describir el detalle más insignificante del cielo.

Pablo nos recuerda en este pasaje que el cielo no es producto de nuestra imaginación. Muy por el contrario, es un lugar muy real. No es un "castillo en el aire", sino más bien un bello lugar eterno preparado para los hijos de Dios.

El apóstol Juan describió en el libro del Apocalipsis su asombrosa visión de la ciudad eterna llamada la Nueva Jerusalén. Nos dice que Dios no sólo quiso dejar que su Hijo muriera por nuestros pecados para darnos vida eterna, sino que también concibió para nosotros una ciudad sin pecado que supera toda imaginación. En Apocalipsis 21:10-26 podemos leer la descripción que hace el apóstol:

> *Y me llevó en el Espíritu a un monte grande y alto, y me mostró la gran ciudad santa de Jerusalén, que descendía del cielo, de Dios, teniendo la gloria de Dios. Y su fulgor era semejante al de una piedra preciosísima, como piedra de jaspe, diáfana como el cristal. Tenía un muro grande y alto con doce puertas; y en las puertas, doce ángeles, y nombres inscritos, que son los de las doce tribus de los hijos de Israel; al oriente tres puertas; al norte tres puertas; al sur tres puertas; al occidente tres puertas. Y el muro de la ciudad tenía doce cimientos, y sobre ellos los doce nombres de los doce apóstoles del Cordero.*
>
> *El que hablaba conmigo tenía una caña de medir, de oro, para medir la ciudad, sus puertas y su muro. La ciudad se halla establecida en cuadro, y su longitud es igual a su anchura; y él midió la ciudad con la caña, doce mil estadios; la longitud, la altura y la anchura de ella son iguales. Y midió su muro, ciento cuarenta y cuatro codos, de medida de hombre, la cual es de ángel.*

> *El material de su muro era de jaspe; pero la ciudad era de oro puro, semejante al vidrio limpio; y los cimientos del muro de la ciudad estaban adornados con toda piedra preciosa. El primer cimiento era jaspe; el segundo, zafiro; el tercero, ágata; el cuarto, esmeralda; el quinto, ónice; el sexto, cornalina; el séptimo, crisólito; el octavo, berilo; el noveno, topacio; el décimo, crisopraso; el undécimo, jacinto; el duodécimo, amatista. Las doce puertas eran doce perlas; cada una de las puertas era una perla. Y la calle de la ciudad era de oro puro, transparente como vidrio.*
>
> *Y no vi en ella templo; porque el Señor Dios Todopoderoso es el templo de ella, y el Cordero. La ciudad no tiene necesidad de sol ni de luna que brillen en ella; porque la gloria de Dios la ilumina, y el Cordero es su lumbrera. Y las naciones que hubieren sido salvas andarán a la luz de ella; y los reyes de la tierra traerán su gloria y honor a ella. Sus puertas nunca serán cerradas de día, pues allí no habrá noche. Y llevarán la gloria y la honra de las naciones a ella.*

Trata de imaginarte la belleza y el esplendor de tu hogar futuro. No sólo corta la respiración, sino que también son bellamente sobrecogedores.

Esta ciudad tiene la forma de un cubo de dos mil catorce kilómetros de largo, dos mil catorce kilómetros de ancho y dos mil catorce kilómetros de alto. El cielo es inmenso y tiene mucho lugar para ti y tus seres queridos. Las puertas están hechas de perla, con un ángel guardián en cada una. El cimiento del muro está construido en doce capas, siendo cada capa una piedra o gema preciosa. Las calles de la ciudad están pavimentadas con oro puro, transparente como vidrio, mientras que el agua clara como el cristal brota del trono de Dios corriendo por el medio de la calle ¡Eso tiene que ser el cielo! (Hoy no quedan muchos ríos limpios.)

Probablemente Juan describió con precisión los atributos del cielo para darnos esperanza para el futuro. Escucha un poco más de su descripción de lo que hay para nosotros:

Vi un cielo nuevo y una tierra nueva; porque el primer cielo y la primera tierra pasaron, y el mar ya no existía más. Y yo Juan vi la santa ciudad, la nueva Jerusalén, descender del cielo, de Dios, dispuesta como una esposa ataviada para su marido. Y oí una gran voz del cielo que decía: He aquí el tabernáculo de Dios con los hombres, y él morará con ellos; y ellos serán su pueblo, y Dios mismo estará con ellos como su Dios. Enjugará Dios toda lágrima de los ojos de ellos; y ya no habrá muerte, ni habrá más llanto, ni clamor, ni dolor; porque las primeras cosas pasaron. Y el que estaba sentado en el trono dijo: He aquí, yo hago nuevas todas las cosas. Y me dijo: Escribe; porque estas palabras son fieles y verdaderas.

(Apocalipsis 21:1-5)

¿No es asombroso? ¡Pensar que Dios en persona enjugará todas las lágrimas de nuestros ojos! Tú sabes tan bien como yo que no dejamos que mucha gente nos toque la cara, mucho menos que nos enjuguen las lágrimas. No obstante, eso es precisamente lo que Dios hará con cada uno de sus hijos.

Dios es un Dios muy personal y Él pasará tiempo con todos nosotros, a solas. Habrá lágrimas de gozo y gratitud cayendo de nuestros ojos cuando entremos al cielo. Sobrecogerá ver su gloria y su amor. Dios está muy interesado en nosotros. Él es un Dios muy sensible y personal.

A algunas personas les preocupa no poder reconocer a sus seres queridos cuando lleguen al cielo pero hay pocas razones para tal afán. Un día le preguntaron a G. Campbell Morgan, un destacado expositor de la generación pasada y pastor de una iglesia floreciente de Inglaterra: "¿Cree que conoceremos a nuestros seres queridos en el cielo?" El doctor Morgan respondió a su manera verdaderamente británica: "No espero ser más tonto en el cielo que aquí, y aquí conozco a mis seres queridos."

Una de las mejores cosas del cielo es que se terminarán toda muerte, pena y llanto para los hijos de Dios y, por sobre todo, vemos esas grandes palabras "ni habrá más dolor". No existe el dolor en el cielo. Dios vive en un ambiente sin dolor, y quiere que vayas a casa con Él. En el cielo el dolor se habrá acabado para siempre. Esta es una noticia grandiosa, ¿no?

Hace poco estuve dando una conferencia en una de nuestras cruzadas y conocí a un matrimonio cuyo hijo se suicidó el año pasado. Después del sermón me preguntaron: "¿Sabía que nosotros perdimos a nuestro hijo el año pasado?" Admití que sí. Luego les pregunté si podía orar por ellos. Los tres nos pusimos de pie, abrazándonos, agradeciéndole a Dios que el cielo no esté lejos y que el amor de Dios por estos padres fuera real y presente. Las lágrimas que cayeron fueron las dulces lágrimas de un esposo y una esposa que necesitaban que les volvieran a asegurar de su mutuo amor y, también, del amor de Dios.

Qué maravilloso fue ver a este mismo hombre traer a su hija a la reunión de la noche siguiente. Cuando ella escuchó las buenas nuevas, su corazón no pudo contener el dolor por otro minuto. No sólo se le había muerto su hermano el año pasado sino que ella y su marido se divorciaron. Evidentemente el dolor de los dos hechos apareados la hicieron meterse dentro de sí misma y romper la comunicación con el prójimo.

Dos días después de recibir a Jesús en su vida, ella y su papá estaban en la librería, comprando libros sobre Jesús y cintas grabadas con música cristiana. Gracias a Dios que realmente hay un mundo sin dolor que nos aguarda ¡Qué alivio no tener que volver a preocuparse nunca más por ser herido!

Jesús nos dijo en Juan 14 que Él iba al cielo a preparar lugar para nosotros. Describió nuestro "lugar" como una mansión. Siempre me ha sorprendido que sea una mansión, no tan sólo una casa o un hogar. Decididamente no es una casita de perro, un condominio, un departamento ni una casa rodante. Él dijo una mansión y eso es lo que yo espero.

No hace mucho tiempo atrás que una de nuestras hijas y su esposo andaban comprando una casa. Sandy y yo pudimos darles un poco de dinero para el pago anticipado. El hecho me recordó que para nuestro nuevo hogar en el cielo no necesitaremos pago por anticipado, depósito ni aranceles por la solicitud. No habrá costos de cierre, seguros, servicios públicos, reparaciones ni preocupaciones porque nos puedan traer documentos de embargo o para ser echados a la calle. Jesús se fue a preparar lugar para nosotros y el precio total ya fue pagado.

¿Cómo llegamos al cielo?

Maravilloso es saber algo del cielo, pero, en primer lugar, ¿cómo llegamos ahí? ¿Tenemos que trabajar extra para llegar a ser simpáticos? ¿Tenemos que dar dinero a la iglesia? ¿Qué cosa califica a la gente para ser admitida en el cielo?

Le preguntaron a un niño a quien su madre había sorprendido haciendo maldades: "¿Cómo esperas llegar al cielo?" Él pensó un momento y luego dijo: "Bueno, voy a estar entrando y saliendo a todo correr, y dando portazos, hasta que digan: 'Por el amor de Dios, entra o quédate fuera.' Entonces, entraré."

El cielo es un lugar muy mal comprendido. Algunos, como ese niño, piensan que pueden entrar y salir del cielo cuando quieran, pero, conforme a la Biblia, solamente hay un camino para llegar al cielo.

1. En primer lugar, debemos reconocer que hay una ruta que nos conduce al cielo.

Jesucristo dijo: "Entrad por la puerta estrecha; porque ancha es la puerta, y espacioso el camino que lleva a la perdición, y muchos son los que entran por ella; porque estrecha es la puerta, y angosto el camino que lleva a la vida, y pocos son los que la hallan" (Mateo 7:13,14).

Jesús nos dijo que hay más gente que escoge el camino ancho que lleva a la destrucción que el camino angosto que lleva al cielo. Qué triste es pensar que este camino ancho y fácil está disfrazado con tanta habilidad que la gente cree, en realidad, que es el camino a la vida. En realidad, ese camino solamente conduce a la destrucción eterna. ¡Qué hábil es el diablo! Debemos preguntarnos: "¿Estoy en el camino correcto?"

2. *Debemos darnos cuenta que hay un registro de la población del cielo.*

El apóstol Pablo dijo cuando escribió a la iglesia de Filipos: "Asimismo, te ruego también a ti, compañero fiel, que ayudes a éstas que combatieron juntamente conmigo en el evangelio, con Clemente también y los demás colaboradores míos, cuyos nombres están en el libro de la vida" (Filipenses 4:3).

A nosotros nos interesa este Libro de la Vida. Jesús habló también de este libro diciendo en las cartas a las siete iglesias de Asia:

> *El que venciere será vestido de vestiduras blancas; y no borraré su nombre del libro de la vida, y confesaré su nombre delante de mi Padre, y delante de sus ángeles* (Apocalipsis 3:5).

Más adelante en el libro del Apocalipsis, leemos sobre el tiempo del juicio y su relación con este libro de la vida:

> *Y vi a los muertos, grandes y pequeños, de pie ante Dios; y los libros fueron abiertos, y otro libro fue abierto, el cual es el libro de la vida; y fueron juzgados los muertos por las cosas que estaban escritas en los libros, según sus obras* (Apocalipsis 20:12).

Por favor, fíjate que las obras de aquellos juzgados se hallan en "los libros" (plural). Esto nos lleva a creer que hay volúmenes de material para cada una de nuestras vidas ¿Podrían estos libros registrar cada uno de nuestros pensamientos, acciones u obras? ¿Podrían contener la cuenta de nuestras vidas, desde el nacimiento hasta la muerte? Lo que esté registrado en estos libros basta para condenarnos al infierno:

> *Y el mar entregó los muertos que había en él; y la muerte y el Hades entregaron los muertos que había en ellos; y fueron juzgados cada uno según sus obras. Y la muerte y el Hades fueron lanzados al lago del fuego. Esta es la muerte segunda. Y el que no se halló inscrito en el libro de la vida fue lanzado al lago de fuego* (Apocalipsis 20:13-15).

Resulta imperativo que tengamos nuestros nombres escritos en este libro de la vida si deseamos entrar al cielo. Lee el versículo que sigue y ve con cuánta fuerza se destaca esto:

> *No entrará en ella ninguna cosa inmunda, o que hace abominación y mentira, sino solamente los que están inscritos en el libro de la vida del Cordero.*
> (Apocalipsis 21:27)

El Cordero no es sino el mismo Jesús. Si le pertenecemos, entonces nuestros nombres serán hallados en este libro, el más importante de todos los libros. Por eso tenemos que recibir por fe a Jesucristo en nuestras vidas.

Hace años recibí una carta de una organización que me decía que yo estaba teniendo éxito y que iba a ser reconocido públicamente como un triunfador. Yo había sido escogido para estar en el *Who's Who in the West* [Quién es quién en el Oeste]. Tiempo después, me invitaron a estar en el *Who's Who in America* [Quién es quién en los Estados Unidos]. Ahora, dos años después, recibí una invitación para estar en el *Who's Who in the World* [Quién es quién en el mundo]. Por supuesto que ahora me doy cuenta que el truco consiste en halagarte haciéndote pensar que eres famoso para que compres varios libros de esos para regalarlos a la familia y amistades. Por unos cuantos dólares más puedes comprar placas conmemorativas para colgar en la pared e impresionar al que no esté informado. La primera vez me tragué ese inflador del yo, pero eso fue todo. (Me pregunto si podría estar en el "Quién es quién en la Galaxia de la Vía Láctea".)

No tienes que tener tu nombre inscrito en ninguno de esos libros del *Who's Who* [Quién es quién] para llegar al cielo, pero el Libro de la Vida del Cordero es algo totalmente diferente. Se podría decir que es el "Quién es quién del cielo". Y con toda seguridad que tú quieres que tu nombre figure ahí.

3. *Debemos hallar el camino correcto al cielo.*

¿Cuál es el camino correcto al cielo? Ésta debe ser una de las preguntas que se hace con más frecuencia a un ministro. La gente siempre se pregunta cómo pueden llegar al cielo.

Si has hecho una gira a Israel, sabes que los israelíes manejan rápido los autobuses corriendo riesgos que nunca correría un ser humano común y corriente. Nuestro guía del año pasado trató de calmar los nervios de nuestro grupo, luego de un contacto muy cercano con un autobús que se nos acercaba. Él nos contó un cuento:

> Un pastor y un chofer de autobús israelí se fueron al cielo. El chofer recibió una mansión bella con grandes habitaciones. El pastor recibió solamente un chalé de un cuarto. Así que se fue donde san Pedro a preguntarle: "¿Cómo puede ser que me dieran una casa tan pequeña y tamaña mansión al chofer de autobuses? ¡Yo prediqué el evangelio toda mi vida!" San Pedro replicó: "La gente se quedaba dormida cuando tú predicabas, pero cuando el chofer de autobuses guiaba a sus grupos de turistas, todos oraban fuertemente."

La Biblia insiste que hay un solo camino al cielo y ese camino es a través de Jesús. El mismo Jesús nos dio estas instrucciones en Juan 14:3-6:

> *Y si me fuere y os preparare lugar, vendré otra vez, y os tomaré a mí mismo, para que donde yo estoy, vosotros también estéis. Y sabéis a dónde voy, y sabéis el camino. Le dijo Tomás: Señor, no sabemos a dónde vas; ¿cómo, pues, podemos saber el camino? Jesús le dijo: Yo soy el camino, y la verdad, y la vida; nadie viene al Padre, sino por mí.*

Mucho tiempo antes de mi conversión, leí los místicos orientales y los escritos zen, Buda y sus versiones occidentales. Trataban de convencerme que Dios es como el eje de una rueda, que la religión es como los rayos que llevan al eje y que la vida es la rueda. Te digo una cosa. Si quieres creer esta insensatez superficial, verás que tu rueda tiene el neumático pinchado. ¡Qué ingenuos e indisciplinados tenemos que ser para elegir cualquier rayo que queramos!

No, hay un sólo camino a Dios y ese es Jesús. Él te conducirá a salvo al cielo. De hecho, Él es el Único que puede. El cielo está llamando, así que recibe la bendecida invitación y planea ahora el viaje.

Ningún otro afán que la inmortalidad

Hay un lugar para nosotros más allá de la tierra. Conocer esta vivienda futura nos facilitará el proceso de sanidad. También nos dará esperanza conocer que ese lugar tan hermoso ha sido apartado para nosotros, donde todo dolor, pesar y sufrimiento fueron terminados para siempre.

Mohamed Alí, el ex campeón mundial de peso pesado, anunció a sus treinta y nueve años de edad que iba a reanudar su carrera. Le preguntaron si lo haría sólo para seguir bajo las luces de escena. "No me preocupa el dinero... ¡No me preocupa nada, sino ser inmortal!"

La inmortalidad es lo único que le preocupaba a Mohamed Alí. ¿Y a ti? Si eres cristiano, Dios tiene todo planeado para ti. No tienes que afanarte por nada. Dios se ha ocupado de todo. Tendrás inmortalidad en un cuerpo nuevo, en una eterna ciudad sin dolor.

Pocas horas antes de morir Dwight L. Moody, vislumbró la gloria que le aguardaba. Despertando de un sueño, dijo: "La tierra se retira, el cielo se abre delante mí. Si esto es la muerte, ¡es dulce! No hay valle aquí. ¡Dios me está llamando y debo irme!" Su hijo, que estaba de pie al lado de su lecho, dijo: "No, no, padre, estás soñando."

"No", dijo el señor Moody. "No estoy soñando; estuve dentro de las puertas; vi las caras de los niños." Pasó un tiempo corto y, entonces, luego de lo que a la familia le pareció que era la lucha con la muerte, él habló otra vez: "¡Éste es mi triunfo; éste es el día de mi coronación! ¡Es glorioso!"[2]

Sí, fue glorioso y puede ser igualmente glorioso para ti.

---

2. W. R. Moody y John Ritachie, *The Life of Moody*, LTD, Kilmamock, Escocia, pág. 474.

17

Dios, el sanador

El toque tierno de Dios

Poca gente ha sufrido más que Job en toda la historia. Uno de los libros más antiguos de la Biblia narra su vida. Si James Michener u otro escritor moderno volvieran a contar esto, probablemente fuera el éxito de librería de todos los tiempos. Si fuera una película, barrería con todos los premios Oscar.

Todavía no he conocido una persona que tenga tribulaciones parecidas a las de Job. Si alguna vez te quieres sentir bien con tus problemas, abre el Antiguo Testamento y lee su historia. Gritarás de gozo porque tus problemas te parecerán pequeños en comparación.

Job era un santo varón que soportó toda tragedia que el diablo le ocasionó. Satanás le robó todo su ganado, le quitó sus propiedades, mató a todos sus hijos, masacró a todos sus siervos y, por último, afligió a Job con pústulas ulcerosas de pies a cabeza. En medio de todas sus tribulaciones, su esposa le dijo que se rindiera y maldijera a Dios, mientras que sus mejores amigos le decían que Dios lo estaba juzgando debido a que había pecado en su vida. Job era el hombre más rico del mundo conocido de entonces, pero lo perdió todo. Fue el hombre más influyente, pero lo perdió todo. Sin embargo, ni una sola vez se alejó de Dios. Job es un caso magnífico para estudiar el carácter y la profundidad del ser humano. Antes que supiera cómo iba a terminar su historia, declaró: "He aquí, aunque él me matare, en él esperaré" (Job 13:15). Y en las honduras de su miseria Job dijo a Dios: "Yo conozco que todo lo puedes, y que no hay pensamiento que se esconda de ti" (Job 42:2).

La sanidad pertenece a Dios

En este libro hemos examinado el papel que desempeñamos en parar la sangre y tratar las heridas de nuestras vidas, pero siempre debemos recordar que Dios es el Sanador. Únicamente Él puede dar la recuperación total. Job entendió esto con toda claridad. Job sabía que Dios podía hacer cualquier cosa que Él quisiera hacer, que con sólo una palabra el Señor podía hacer que las afflicciones de Job se terminaran de inmediato. También reconocía que Dios era invencible. Por tanto, él confiaba en el invisible Dios que amaba en vez de rendirse a las situaciones y condiciones en que se hallaba.

El libro de Job nos recuerda que, en realidad, la vida no es de nosotros: es un asunto de Dios. Job sabía que Dios era fiel y veraz y se aferró a esta creencia con uñas y dientes. Cuando Dios permite que nuestras vidas sean probadas, debemos hacer lo que él hizo, aunque no nos sea nada fácil.

El otro día encontré una simpática anécdota que me llegó al corazón. Hablaba muy claro sobre nuestros miedos y me recordó las palabras de Jesús: "Ustedes tienen que llegar a ser como niños." Con frecuencia entendemos mal las situaciones difíciles y nos apresuramos mucho a juzgar y decidir; tenemos ser más como niños que simplemente confían en Dios.

En el apogeo de la tempestad de la segregación racial en los Estados Unidos, una niña que iba a empezar el primer grado fue enviada a una escuela recién integrada. Al terminar la jornada su ansiosa madre la esperó en la puerta y le preguntó: "¿Cómo salió todo, querida?"

"¡Oh, madre! ¿Sabes? ¡Una niña negra se sentó a mi lado!"

Temerosa y dudosa, la madre preguntó: "¿Y qué pasó?"

"Las dos teníamos tanto miedo que estuvimos tomadas de la mano todo el día."

Los adultos solemos ser como esas niñas. Parece que vivimos en un enorme mundo cruel que no se preocupa. Así, pues, ¿qué podemos hacer? Tomar la gran mano del Señor y tenerla tomada todo el día, cada día. Él sanará esas heridas tuyas. Esa es su especialidad: sanar y vendar al que tiene el corazón roto. Sin embargo, la Biblia nos cuenta que una vez Jesús se metió en tremendo problema por decir justamente eso.

Problemas en Capernaum

Siglos antes que naciera Jesús el profeta Isaías escribió:

> *El Espíritu de Jehová el Señor está sobre mí, porque me ungió Jehová; me ha enviado a predicar buenas nuevas a los abatidos, a vendar a los quebrantados de corazón, a publicar libertad a los cautivos, y a los presos, apertura de la cárcel* (Isaías 61:1).

Conforme al Evangelio de Lucas:

> *Y Jesús volvió en el poder del Espíritu a Galilea, y se difundió su fama por toda la tierra de alrededor. Y enseñaba en las sinagogas de ellos, y era glorificado por todos. Vino a Nazaret, donde se había criado; y en el día de reposo entró en la sinagoga, conforme a su costumbre, y se levantó a leer.*
>
> *Y se le dio el libro del profeta Isaías; y habiendo abierto el libro, halló el lugar donde estaba escrito: El Espíritu del Señor está sobre mí, por cuanto me ha ungido para dar buenas nuevas a los pobres; me ha enviado a sanar a los quebrantados de corazón; a pregonar libertad a los cautivos, y vista a los ciegos; a poner en libertad a los oprimidos; a predicar el año agradable del Señor.*

Y enrollando el libro, lo dio al ministro, y se sentó; y los ojos de todos en la sinagoga estaban fijos en él. Y comenzó a decirles: Hoy se ha cumplido esta Escritura delante de vosotros. Y todos daban buen testimonio de él, y estaban maravillados de las palabras de gracia que salían de su boca, y decían: ¿No es éste el hijo de José? (Lucas 4:14-22)

Ellos no quisieron oír lo que Jesús tenía que decir. En medio de su sermón lo sacaron fuera de la ciudad y trataron de despeñarlo, porque decían que era un falso profeta. La gente no podía creer que Jesús fuera Áquel del que hablaba Isaías. ¿Jesús, el Único que sanaría a los quebrantados de corazón? ¿El Único que libertaría a los cautivos de sus apetitos adictivos? ¿El Único que cortaría las cadenas que los ataban al pecado y a los dolores de este mundo?

Sí, ése es precisamente quien es Jesús. Él mismo dijo: "Los que están sanos no tienen necesidad de médico, sino los enfermos. No he venido a llamar a justos, sino a pecadores al arrepentimiento." Él es el Sanador y debemos dejarle sanar nuestras vidas rotas. Es imperativo que así lo hagamos.

Nunca olvidemos que Dios es el Sanador. Él puede arreglar huesos rotos con tanta facilidad como corazones rotos. Todo cabe dentro de su poder. Confía en Dios. Él obrará un milagro para ti... tan sólo si tú lo dejas.

Diferentes curaciones, pero el mismo Dios

Hay incontables tipos heridas y dolores e igualmente tantas maneras de tratarlos. El proceso de curación es diferente en cada tipo de herida. Aunque tu herida sea muy dolorosa, es más que probable que otras personas hayan experimentado la misma clase de dolor. Sin embargo, Dios puede usar en tu caso un método para empezar el proceso de curación que sea diferente del que usó con otras personas.

Puede sorprender a los que emprenden todo por sí mismos, a las personalidades del tipo A y a la gente motivada y orientada al éxito, que Dios está en el centro de su sanidad, no ellos. Las personas de carácter y voluntad fuertes pueden pensar que deben "apretar los dientes y aguantar hasta que todo pase", "al mal tiempo, buena cara", obligarse a superar este dolor. No obstante, las actitudes de "no hay mal que dure cien años", "yo estoy bien, tú estás bien", no siempre sirven. No es verdad que Dios diga: "ayúdate que yo te ayudaré." Eso no es lo que dice la Biblia. En todo caso, la Biblia nos dice que Dios ayuda a los que admiten que *no pueden* ayudarse a sí mismos.

Me parece interesante que una variante de esta filosofía de ayudarse a sí mismo estuviera presente en el primer siglo. Después que Jesús leyó el pasaje de Isaías a los que estaban en la sinagoga, Él supo lo que estaban pensando y les dijo que con toda seguridad le dirían este proverbio: "Médico, sánate a ti mismo." O sea, hazlo tú; Jesús, sánate a ti mismo. Gracias a Dios que no tenemos que sanarnos a nosotros mismos. Dios es el Sanador. Así, pues, permitamos que Él haga su obra sanadora. Él sabe lo que hace.

¡Sanar al fin!

Cuando empecé a escribir este libro, hace casi dos años, sufría de un dolor de espalda de intensidad anormal. Desde esa época me he hecho varios exámenes médicos para "parar la sangre", por así decirlo. Los exámenes señalaron que yo tenía una artritis ligera en la parte superior de la columna y que dos de los discos intervertebrales inferiores estaban en las primeras etapas de la desintegración. Estos discos presionaban la columna y apretaban los nervios. Por último, unas radiografías nuevas tomadas con un ángulo diferente, mostraron que la última vértebra estaba apretada y torcida.

Saber esto aumentó mi habilidad para entender por qué había tenido dolores día y noche. Armado con esta nueva información, he podido "parar la sangre" y seguir al próximo paso de tratar la herida.

Ahora que sé cuál es la fuente de mi dolor, resulta más fácil tratar el problema. Scott Legitt, el director de Ortho Med, un centro de rehabilitación física de la Universidad de California, se pasó horas conmigo, trabajando con nuevas máquinas computarizadas que sirven para fortalecer los músculos de mi espalda. Scott es un hombre muy atareado, que tiene un montón de responsabilidades y mucha gente a su mando. Sin embargo, su amabilidad y atención personal me mostraron que alguien se interesaba. Él se reunía conmigo para cada sesión y me acompañaba a cada máquina en que yo tenía que trabajar. Nunca me cobró un céntimo. Siempre estaba alegre, vigoroso y dándome ánimo de que las cosas mejorarían. Fue este primer vistazo de esperanza que me puso en un ritmo más conveniente, señalándome que llegaría la hora en yo quedaría libre del dolor.

En seguida, Dios me pasó a tres de sus ángeles: Joni, Olivia y Debbie. Cada una de ellas es una especialista: una en fisioterapia, otra en quiropráctica y la tercera en fortalecimiento muscular kinesiológico. Las tres han estado orando por mi estado y las tres están siendo usadas para sanar mi estado. Yo decía desde que era adolescente que nunca iría a un quiropráctico. Pensaba que todos los quiroprácticos eran "rompehuesos", hasta que conocí a Olivia. Nunca soñé que podría haber una santa que ore por mí y se interese por mí como persona.

Conocer la fuente de mi dolor me ha dado nueva esperanza. Tener amigos que son capaces de trabajar conmigo es, en realidad, parte del proceso de curación. Ahora creo que mi espalda volverá a estar bien algún día.

Como recordarás de la introducción de este libro, Sandy me dijo una vez: "¿No sería algo formidable si Dios te sanara del dolor después que termines este libro?" Yo me reí entonces pero, hace unos pocos días, estaba sentado escribiendo en mi computadora portátil cuando me percaté de que una buena parte del dolor habia desaparecido.

No estoy seguro qué significa todo esto salvo que sólo Dios puede sanar en definitiva. Siempre ha sido un misterio para mí *la forma* en que Dios sana. Yo he orado por algunas personas y las he visto sanas instantáneamente; otras sanaron después; y muchas más nunca sanaron en absoluto. ¿Por qué? No sé. Sí sé que Dios sana, pero aprendí que sus métodos nunca son predecibles.

Medicina y sanidad

Mi propia lucha física me enseñó a no sobreespiritualizar la sanidad. Dios puede usar, y efectivamente usa, la medicina, la tecnología moderna y el personal médico idóneo para sanar a sus hijos. Solamente con pasar por el departamento de policía de una ciudad grande uno puede darse cuenta que los paramédicos, especialmente entrenados, salvan vidas.

Naturalmente que conozco de algunos creyentes que dicen que la medicina es del diablo. Pero sé que eso no es verdad. La capacidad de la medicina aumenta a medida que aumenta el conocimiento del hombre. Los investigadores descubren nuevos tratamientos a diario. El sarampión, la poliomielitis, la tuberculosis y muchas enfermedades mortales que han eliminado a millones de personas en todo el mundo, están ahora controladas debido a la medicina.

Gran parte de los remedios vienen de las plantas. Hay mucho que sacar de las plantas que el Señor puso en la tierra. Los científicos han hecho maravillas con medicinas basadas en plantas. Un informe reciente sugiere que los expertos están acercándose a la cura del resfriado común. De hecho, los investigadores están acercándose a la del cáncer, el mal de Parkinson y otras enfermedades invalidantes.

La pregunta es: ¿Por qué Dios usa la medicina cuando Él es Dios? ¿Por qué no pronuncia el mandato y cura al que esté enfermo? Pienso que esa pregunta puede contestarse junto con otras cuantas más de igual índole. Dios opta a menudo por lo callado en lugar de lo ruidoso, lo común y corriente en lugar de lo extraordinario, lo que no es ceremonioso en lugar de lo espectacular. Sin embargo, Él obra de todos modos.

Creo que fue Alejandro Magno el que se impresionó tanto con la gran sabiduría del famoso filósofo Diógenes, que cuando le conoció, le dijo: "Yo haré lo que tú digas para obtener tu sabiduría." A lo cual replicó Diógenes: "Bueno, entonces toma dos pescados muertos y mételos en tus bolsillos por dos semanas." Alejandro se ofendió con esa sugerencia tan absurda, y respondió: "De ninguna manera llevaré yo dos pescados malolientes conmigo durante dos semanas." A lo cual respondió el sabio Diógenes: "¡Una fe tan grande, perdida sólo por dos pescados muertos!"

Dios puede sanar cómo Él escoja y con los métodos que mejor le parezcan. A veces opta por lo milagroso; otras veces usa la medicina común y corriente; pero en cada caso, Él es quien sana. Debemos recordarnos continuamente que Dios es bueno y que sus planes para nosotros son los óptimos. Debemos confiar en Él y dejarle que sane nuestras heridas como Él prefiera.

Dios sana. Cuándo, dónde, cómo y por qué, justamente no sabemos. De manera que será más fácil tratar de aceptar nuestra situación y confiar en que Dios, el Sanador, haga lo que quiera hacer.

Aprender las lecciones

Los problemas de mi espalda me han enseñado varias lecciones valiosas. Una es que el dolor tiene un propósito. El dolor es un sistema de alarma instalado por Dios. Si no estuviera ahí, podríamos lesionar gravemente nuestros cuerpos antes de siquiera saber que hubiera problemas.

Cuando miro mi peregrinaje por este laberinto de dolor, puedo decir honestamente que Dios tuvo su mano sobre mí todo el tiempo. Hubo mucho tiempo sin esperanza, sin indicios de que el dolor se acabaría. Pero Dios tenía un plan en todo eso. Yo soy un hombre muy impaciente por naturaleza. Dios me ha mostrado que es posible ir más despacio.

El sufrimiento personal me ha permitido también tratar asuntos que nunca había llevado a fin. El dolor ha hecho por mí lo que dijo el salmista: "Enséñanos de tal modo a contar nuestros días, que traigamos al corazón sabiduría" (Salmo 90:12). El dolor me ha hecho más sensible para con el prójimo que sufre. El dolor me ha hecho agradecer que no tenga nada peor. El dolor me ha permitido ver el tremendo orgullo que estaba enterrado bajo la superficie.

He aprendido que el Señor permitirá que haya dolor en nuestras vidas para enseñarnos misterios sobre nosotros mismos y sobre Él. Sin embargo, Él parará la sangre y tratará la herida. Por sobre todo, Dios es el Sanador. Permite que destaque una vez más que Dios está al mando de nuestras vidas para nuestro bien. No está en sus planes usar el dolor en tu vida para destruirte.

Recuerda lo que escribió Pablo en Romanos 8:28: "Y sabemos que a los que aman a Dios, todas las cosas les ayudan a bien, esto es, a los que conforme a su propósito son llamados." Entrega a Dios el timón de mando de tu vida. Él nunca te dirigirá mal. Él quiere solamente lo mejor para sus hijos. Cuando aprendamos por fin este mensaje maravilloso, querremos orar como el apóstol Pablo: "Bendito sea el Dios y Padre de nuestro Señor Jesucristo, que nos bendijo con toda bendición espiritual en los lugares celestiales en Cristo" (Efesios 1:3).

Deja que el amor de Dios siga derramándose en tu vida. Deja que empiecen las curaciones, ya sean físicas, emocionales, espirituales; cuerpo, alma o espíritu. Recibe las bendiciones del cielo que legítimamente te pertenecen. Dios sabe lo que te hará feliz. Él sabe cómo te gusta divertirte. Él también lo hace, sabes; después de todo Él es un padre.

Nuestro Dios feliz

Ser padre es muy enternecedor: aprender de tus hijos y sus personalidades individuales, verlos sonreír. Cuidarlos cuando por primera vez montan en bicicleta. Ver que el viento sopla en su pelo. Escuchar sus primeras palabras. Asistir a su graduación. Cuidarlos cuando dan su primer examen de chofer. Acompañarlos por el pasillo de la iglesia donde se casen.

Son muchas las cosas que hacen feliz a un padre, pero la felicidad suprema que puede tener un padre se da cuando sus hijos son felices. Tu Dios está feliz de bendecirte. Verte feliz lo hace feliz. Sanar tu alma herida es uno de los momentos más felices que ambos compartirán, pero esa sanidad puede venir en un envase que tú no esperas recibir.

Los métodos de Dios para sanar

Dios puede sanarnos de muchas maneras. A menudo, Dios sanará heridas *enseñando*. El Sermón del Monte es el ejemplo clásico de esto. Por medio de sus palabras poderosas Jesús puso la sanidad a disposición del mundo entero.

Dios puede enseñarnos también por medio de *experiencias*, por medio de las lecciones de la vida que aprendemos por las dificultades, los errores o los éxitos.

Los métodos de enseñanza de Dios son incontables. Él puede enseñarnos por medio de una canción en la radio o mientras miramos una hermosa puesta o salida de sol. Yo aprendo mucho por observación. Me encanta observar a la gente en la playa, en el aeropuerto, de compras, manejando, trotando o tan sólo sentada en la acera mirando al mundo pasar. A menudo paso por los barrios de San Diego y oro por la gente que veo en las calles, sentadas en sus porches o lavando sus automóviles. Manejo arriba y abajo por las calles que nunca visité antes, pidiendo al Señor que bendiga a los que viven en las casas que veo.

Deja que Dios te sane por medio de la enseñanza que está en sus Escrituras. Búscate un buen profesor de Biblia y sométete a su instrucción. No saltes de iglesia en iglesia. Establécete y hazte parte de la familia de una iglesia con tu amor, dando y recibiendo. Ahonda en las Escrituras y aprenderás rápidamente que Dios sana por medio de la enseñanza: mental, emocional, física y espiritualmente.

En otras ocasiones Dios sana por medio de una intervención directa; por medio de lo que llamaríamos un milagro. Hemos visto que Dios puede sanar nuestras heridas haciendo un milagro, como cuando restauró mi mente (aunque algunos amigos cuestionan esto). Nos damos cuenta que hoy hay milagros.

Sin embargo, eso que llamamos "sobrenatural" en realidad es simplemente "natural" para el Señor. Los milagros vienen en envases de diferentes tamaños. Resucitar a Lázaro de los muertos fue un "milagro grande"; el hallar debajo de una pila de revistas las llaves del automóvil que perdimos, ese es un "milagro pequeño".

Quizá tu sanidad no venga por medio de la enseñanza, ni por un milagro, sino por intermedio de la medicina moderna. Si esa es la ruta que escoge Dios para ti, entonces deja que Él te sane por medio de la medicina moderna si así lo quiere. Deja que Dios te sane por intermedio de la oración si lo prefiere, pero tienes que entender que Él es quien sana, cualquiera que sea el método que Él escoja. Dios es el gran Sanador.

Empieza hoy tu sanidad

Hoy es el mejor día para que empieces a confiar en que Dios termine la obra que debe hacer en tu vida. El tierno toque de Dios siempre está cerca de ti, amigo mío. Puede que estés con un dolor físico profundo. Puede que estés en una miseria mental. Cualquiera que sea el problema, invoca a Dios y confía en Él. Dios te escucha y vela por ti.

El salmista sabía muy bien esto. Es bueno que terminemos con una confirmación afirmativa de las Escrituras. Cuando leas estas palabras, escucha lo que te dice el Espíritu Santo:

Jehová Dios mío, a ti clamé, y me sanaste
(Salmo 30:2).

El salmista afirma que clamó a Dios en su problema y Dios lo sanó. Tú y yo necesitamos ese aliento. Toma ese aliento ahora directamente del amante corazón de Dios y según su propósito. El Señor conoce tu situación mejor que tú. Recuerda la lección de Job: No es cosa de tuya, es cosa de Dios. Él está obrando en un plano superior y más grandioso de lo que nosotros podemos imaginar. Aunque el diablo te zarandea como trigo, Jesús está intercediendo por ti. Así, pues, no te rindas. Dios es el Sanador. Como dijo el salmista:

Envió su palabra, y los sanó, y los libró de su ruina.
Alaben la misericordia de Jehová, y sus maravillas
para con los hijos de los hombres; ofrezcan sacrificios
de alabanza, y publiquen sus obras con júbilo.
(Salmo 107:20-22)

Actuemos como dice la Escritura. Alabemos al Señor por su bondad para con nosotros y por sus obras maravillosas hechas para nuestro bien. Honrémosle y hagámosle saber que le reconocemos como el Sanador. Pues verdaderamente ése es Él.

Amigo mío, ten esperanza en Dios. Confía en el Señor con todo tu corazón y no te apoyes en tu propio entendimiento. Dios es el Autor y el Consumador de tu fe; tú eres hechura suya. Así que espera en el Señor y deja que el tierno toque de Dios te bendiga hoy.

¡Qué dulce suena el nombre de Jesús
en el oído del creyente!
Calma sus pesares,
sana sus heridas,
y echa fuera su temor.

John Newton